Olaf Wagener

# Handbuch
# Burgbelagerungen

Olaf Wagener

# Handbuch
# Burgbelagerungen

REGIONALIA
VERLAG

**Bildnachweis:**

Archiv Europäisches Burgeninstitut: 80; Archiv Olaf Wagener: 27, 43, 50 o., 52 o., 58 l./m., 60 o., 63, 64 o./u., 67 o./m. 70 o./u., 71 u., 73 o./u., 74 o., 79; Archiv Regionalia Verlag: 23; Arzinger 1991: 56 u., 57; Barton u. a. 2010: 40 o.; Bloesch 1933: 36, 37 m., 45, 46; Buchmann u.a. 1990: 68; Eckardt 1935: 33; Eckardt 1939: 103; Heine 2002: 54; Herrnbrodt 1958: 28; Heyen 1978: 105; Kirchschlager 1997: 42 u.; Koch/Schindler 1994: 53 o./u.; Kölzer u. a. 1994: 41; Meyer 1991: 26; Meyer 2000: 49 o./u.; Olaf Wagener: 8, 24, 25 o./u., 29 o., 30 o./u., 31 o./m., 32 o./m./u., 34, 37 o., 47 l./r., 48 o./u., 50 u., 51, 52 u., 55, 56 o./m., 58 r./u.i./u.r., 60 m./u., 61 o./m./u., 67 u., 69, 71 o., 72 r., 74 u., 77 o./u., 81, 82 o./u.; Sonstige, gemeinfrei: 13, 14, 28 (o.), 35, 37 u., 40 u., 42 o., 44, 72 l., 101, 110–113, 115–118, 120; Wiggins 2001: 38, 109 l./r.; Wiggins 2003: 39; Wikimedia Commons: 15 (Jochen Jahnke), 17, 19, 20, 21 ( alle o. A.), 29 u. (Onno), 31 u. (Wattewyl), 39 u. (Rjones216), 84 (MacElch), 85 (Wolkenkratzer), 91 (Reise-Line), 121 o. (Vietnam People's Army Museum), 121 u. (Pilip from Hanoi)

Olaf Wagener: Handbuch Burgbelagerungen
Copyright © 2016 Regionalia Verlag GmbH, Rheinbach
Alle Rechte vorbehalten

Lektorat, Layout und Satz: Handverlesen GbR, Bonn

Einbandgestaltung: Derek Gotzen für agilmedien, Niederkassel

Printed in EU

ISBN 978-3-95540-168-9

www.regionalia-verlag.de

# Inhalt

# Michel Beheim (15. Jh.) –
# ein anderes Geleitwort ...

Der furst mich hett in knechtes miet,
ich ass sin brot vnd sang sin liet.
ob ich zu einem andern kum,
ich ticht im auch, tut er mir drum,
ich sag lob sinem namen.
dyss buch ein end hat, amen.

Dess aller ersten er hin kam / zu der starcken statt Wachenham /
fur dyse rust er wyder, sin her schlug man im nyder.
Alle hutten, palaun, gezelt / slug man nyder vff dyses feld.
Mit schoenn gezelten vnd paleun / waz man in vergraben, vmbzeun /
mit vester atarcker were / da mitten in dem here.
Das ward besichert vnd versorgt, / vmbgraben vnd verwagenborgt

Fur die der pfaltzgraf vff der stund / ruten, graben, schantzen begund /
hinder körben vnd katzen starck / man sich zu dem graben verbarck.
Man slug schirm vnd leit buchsse, / da waz ein gross geruchse

Eyner schoss vnd der ander warff / mit manchen grossen steinen scharff

*Burg Liebenfels/Kärnten*

# 1. Einleitung

»Burgbelagerungen« – auf den ersten Blick scheint es sich um ein sehr spezielles Thema zu handeln, betrachtet man aber den Boom und das große Interesse an Mittelaltermärkten, Reenactment und Fernsehproduktionen der vergangenen Jahre, so hat dieser Aspekt durchaus seine Berechtigung.

Der vorliegende Band soll nicht nur das Mittelalter berücksichtigen, wie der Begriff »Burg« zunächst einmal für viele interessierte Leser suggerieren mag. Vielmehr will dieses Buch einen Überblick über unterschiedliche Belagerungsformen geben, der von der Antike bis in die Frühe Neuzeit reicht, wenn auch das Mittelalter am stärksten berücksichtigt werden wird.

Zunächst werden die antiken Belagerungstechniken betrachtet, womit in die Thematik eingeführt werden soll. Im darauffolgenden Kapitel wird zunächst kurz der Weg hin zur mittelalterlichen Burg thematisiert. Danach wird ein im Rahmen dieses Buches naturgemäß kurzer Überblick über die bauliche Entwicklung von Burgen und ihrer Wehrelemente gegeben, der die nötigen Hintergrundinformationen liefert. Dem gleichen Ziel dient das Kapitel zur Entwicklung der Waffentechnik und der kämpferischen Taktik, der das Geschehen und die Zeitumstände der einzelnen Belagerungen beleuchtet. Im Anschluss wird ein Blick auf Feldbefestigungen, Belagerungsanlagen und -burgen geworfen.

Danach schließt sich das Hauptkapitel des Buches an: Hier werden 23 Belagerungen im Detail vorgestellt, vom 11. bis zum 15. Jahrhundert, in Deutschland und angrenzenden Gebieten. Bewusst wurden neben Burgen auch ein Kloster, eine Domimmunität und zwei befestigte Orte in die Auflistung mit aufgenommen, um das vielfältige Spektrum mittelalterlicher Belagerungen zu zeigen. In Einzelfällen wurden auch die schriftlichen Berichte zu den Belagerungen, teils im Originaltext, teils in freier Übersetzung, wiedergegeben, und der Leser wird auf eine Entdeckungsreise mitgenommen, auf der er erfährt, wie das Geschehen einer Belagerung anhand schriftlicher und archäologischer Quellen rekonstruiert werden kann. Es folgen allgemeine Darstellungen über das Schicksal der Burgen nach einer Belagerung und die rechtlichen Konsequenzen derselben sowie ein Ausblick darüber, inwieweit Belagerungen als Mythos weiterleben. Den Abschluss bildet ein Ausblick auf exemplarische Belagerungen der Neuzeit, die das Weiterleben der »mittelalterlichen« Vorgehensweisen aufzeigen und verdeutlichen sollen.

Eine Literaturauswahl rundet das Buch ab, die dem interessierten Leser eine Vertiefung in das Thema ermöglicht und es erlaubt, die Quellengrundlagen der geschilderten Belagerungen nachzuvollziehen.

Das vorliegende Buch ist auf Veranlassung und mit der Unterstützung von Dr. Michael Losse entstanden, dem an dieser Stelle herzlich für sein selbstloses Engagement gedankt werden soll. All die Freunde und Kollegen, die durch viele Gespräche und gemeinsame Exkursionen zu diesem Buch beigetragen haben, an dieser Stelle aufzuzählen, ergäbe eine lange Liste, daher sei ihnen allen an dieser Stelle gedankt – sie wissen, wer gemeint ist.

Olaf Wagener
September 2016

# 2. Der Blick zurück –
## Belagerungen in der Antike

Ein Buch über die Belagerung mittelalterlicher Burgen kann kaum ohne einen Blick in die zeitlich davor liegende Epoche der Antike auskommen. Direkte »Verbindungslinien« in der Art, dass beispielsweise technische Errungenschaften aus der Antike ins Mittelalter transferiert werden, lassen sich zwar kaum fassen, aber gerade die Unterschiede ermöglichen es, die Belagerungen des Mittelalters besser einzuschätzen. Die Armeen der griechischen Antike und insbesondere der Römer waren personell und finanziell um ein Vielfaches besser ausgestattet als ein vergleichsweise kleines mittelalterliches Truppenaufgebot – sieht man von den Kreuzzügen einmal ab –, und auch das technische Niveau war deutlich höher als im Mittelalter: Auch das militärische Ingenieurwesen war in der Antike geradezu eine Wissenschaft.

## Tyros

Nach dem Tode seines Vaters Philipps II., seiner Machtübernahme in Makedonien und der Sicherung seiner Stellung in Griechenland brach Alexander der Große im Mai 334 v. Chr. zu einem Feldzug gegen das Persische Reich unter Dareios auf. Nach seinem Sieg über die kleinasiatischen Satrapen Persiens in der Schlacht am Granikos konnte Alexander die Vorherrschaft in Kleinasien erringen. Er verfolgte, insbesondere unter dem Eindruck seiner Erfahrungen bei der Belagerung von Halikarnassos, die Strategie, die persische Flotte dadurch unschädlich zu machen, dass er sie ihrer Stützpunkte beraubte. Nach einem weiteren bedeutenden Sieg über die Perser in der Schlacht bei Issos 333 v. Chr. zog Alexander daher nach Süden in Richtung Ägypten und belagerte und eroberte die letzten persischen Flottenstützpunkte in Phönikien, darunter auch Tyros.

Nachdem ihm seine Bitte, in Tyros dem Gott Herakles zu opfern, abgeschlagen wurde, begann Alexander der Große vermutlich zu Beginn des Jahres 332 v. Chr. mit der Belagerung von Tyros.

Die Stadt Tyros, heute auf einer Halbinsel gelegen, war nach übereinstimmenden Berichten der Autoren zur Zeit Alexanders eine Insel und an allen Seiten von Mauern umgeben. Alexander beschloss, anstatt eines Angriffes auf dem Seewege einen Damm vom Festland nach Tyros zu bauen, um die Stadt dann vom Land aus angreifen zu können. Zu diesem Zweck wurden große Mengen an Holz und Steinen benötigt, die aus den Wäldern des Libanongebirges respektive aus den Ruinen der Stadt Alt-Tyros herangeschafft wurden. Auch wenn die antiken Autoren unterschiedliche Auffassungen über die Gestaltung der Meerenge vertreten, ob sie nun morastig war oder aus tiefem Wasser bestand, so berichten sie doch einheitlich davon, dass der Bau trotz anfänglicher Zweifel der eigenen Soldaten und trotz Verspottungen durch die Belagerten schnell vorankam (Abb. 1).

Doch auch in der Stadt wurden Vorkehrungen getroffen, da sowohl geeignete Handwerker als auch Rohstoffe für die Produktion von Defensivwaffen zur Verfügung standen. Explizit genannt werden hier an erster Stelle Katapulte und andere Maschinen, zu deren Konstruktion und Bedienung spezielle Ingenieure erforderlich waren, aber auch explizit alle Arten militärischer Neuheiten. Es dürfte sich hierbei wahrscheinlich größtenteils um kleinere Katapulte zum Verschießen von Pfeilen gegen einzelne Personen gehandelt haben, auch wenn vereinzelt größere Katapulte Erwähnung finden. Eine weitere Vorsichtsmaßnahme, die von den Einwohnern der Stadt getroffen wurde, weist deutlich auf den – modern gesprochen – totalen Charakter einer solchen Belagerung hin: Falls möglich, wurden Frauen und Kinder aus der Stadt heraus und somit in Sicherheit gebracht, nämlich in das mit Tyros verbündete Karthago.

Auch die tyrenische Flotte wurde zur Entlastung eingesetzt und sollte den Bau des Dammes durch die Makedonen verhindern und diesen wenn möglich zerstören, wobei aber die Darstellungen der antiken Autoren signifikant voneinander abweichen: Diodor berichtet davon, dass Schiffe aus Tyros mit Bogenschützen, Schleuderern und Katapulten bemannt an den Damm heranfuhren, um möglichst viele der Belagerer während der Schanzarbeiten zu töten, und nachdem Alexanders Schiffe den Angriff abgewehrt hatten, soll ein Sturm den Damm beschädigt haben. Laut Arrian und Curtius hatte Alexander auf dem Damm zwei hölzerne Türme mit darauf platzierten Katapulten errichten lassen. Gegen diese setzten die Tyrener ein am Heck beschwertes, mit brennbarem Material am Bug versehenes Schiff ein, dass mit dem Bug voran auf den Damm gefahren wurde und die Türme in Brand setzte, so dass in der Folge auch der Damm selber massiv beschädigt werden konnte. Auch wenn letztlich nicht mit Sicherheit entschieden werden kann, in welcher Weise genau dieser Entlastungsangriff der Belagerten vorgetragen wurde, so lässt sich jedenfalls festhalten, dass sie sowohl über eine immer noch einsatzfähige Flotte verfügten als auch über entsprechend erfahrene Besatzungen, und dass sie die Belagerung nicht nur defensiv ertrugen, sondern ihr Heil in der Offensive suchten.

Letztendlich aber, dies berichten alle Autoren übereinstimmend, konnte dadurch der Bau des Dammes nur verzögert, nicht aber verhindert werden. Nachdem der Damm so nahe an die Stadtmauern herangeführt worden war, dass ein direkter gegenseitiger Beschuss mit Katapulten möglich war, griffen die Belagerten erneut zu Maßnahmen, die auf enorme sowohl wirtschaftliche als auch personelle Ressourcen schließen lassen und erneut andeuten, dass in der Stadt wahrscheinlich alles dem Ziel der Verteidigung untergeordnet wurde: Diodor und

Curtius berichten übereinstimmend, dass die Tyrener an besonders gefährdeten Stellen eine zweite Mauer hinter der eigentlichen Stadtmauer errichteten, um zu verhindern, dass die Belagerer eine Bresche schaffen und durch diese in die Stadt eindringen könnten. Arrian hingegen berichtet, dass die Verteidiger auf ihrer laut seinen Angaben 150 Fuß hohen Stadtmauer zusätzlich hölzerne Türme erbauten. Ungeachtet der Unterschiede in der Darstellung scheint es somit jedenfalls als sicher gelten zu können, dass die Verteidiger ihre Mauern im Angesicht der makedonischen Katapulte und Rammböcke nochmals verstärkten.

Curtius und Diodor berichten von weiteren Maßnahmen der Verteidiger, die Ausdruck sowohl von Erfindungsreichtum als auch – wiederum – bemerkenswerten ökonomischen und logistischen Anstrengungen sind: Laut Curtius wurden mit Katapulten an Seilen befestigte Baumstämme auf die angreifenden Schiffe geworfen, um eine möglichst große Anzahl der

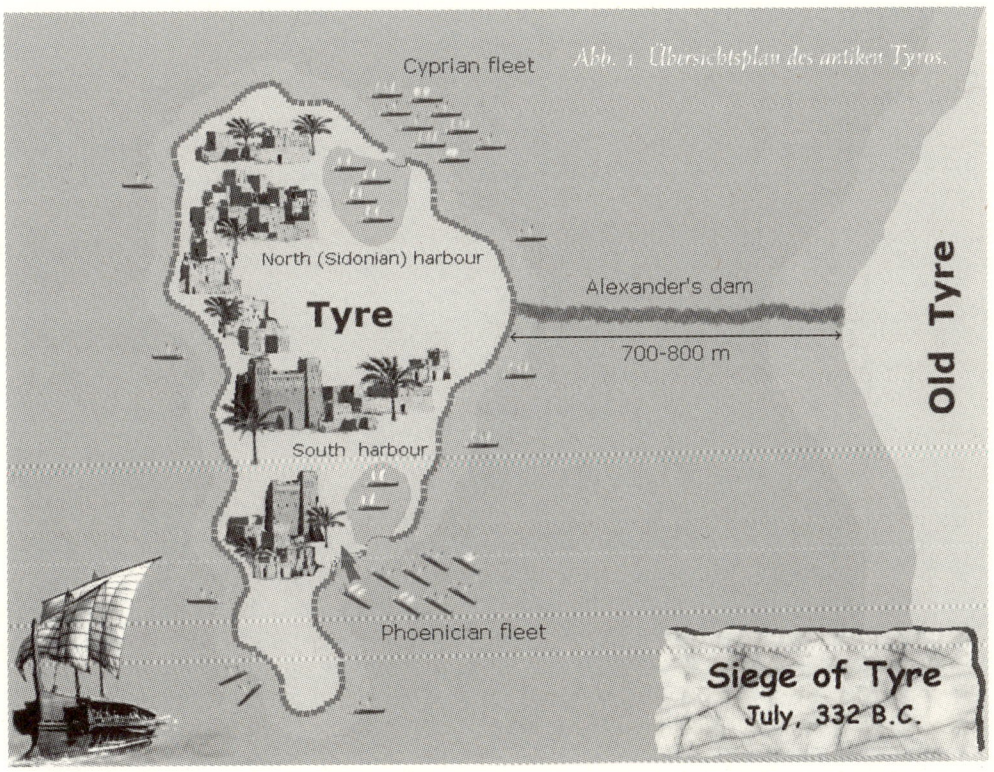

*Abb. 1 Übersichtsplan des antiken Tyros.*

Besatzung zu töten, und Angreifer wurden mit Haken von den Schiffen und Leitern gezogen. Ein Novum stellte es dar, dass die Verteidiger glühenden Sand auf die Angreifer herabschütteten, der in deren Rüstungen und Kettenhemden eindrang, was dazu führte, dass diese sich ihrer Rüstungen entledigten und den Verteidigern damit schutzlos ausgeliefert waren. Diodor schildert darüber hinaus noch weitere rein defensive Maßnahmen, so beispielsweise eine nicht näher zu identifizierende Art metallener Räder, die den gegen die Mauern geschleuderten Steinen einen Teil ihrer Energie genommen haben sollen, oder auch zu demselben Zweck vor den Mauern aufgehängte, mit Seegras gefüllte Säcke aus Tierhäuten.

Letztlich aber wurde die Stadt nach sieben Monaten von Alexander dem Großen durch einen kombinierten Angriff sowohl der makedonischen Flotte als auch vom Damm aus eingenommen. Die Berichte über das Verhalten Alexanders nach der Erstürmung der Stadt weisen alle auf das grausame Schicksal der Verteidiger hin, was sicherlich auch, aber nicht nur durch die Entbehrungen einer siebenmonatigen Belagerung unter Einsatz des Lebens der Angreifer erklärt werden kann.

## Alésia

Bei Cäsars Feldzug in Gallien, der sich über mehrere Jahre und Kampagnen hinzog, stand der römischen Armee kein geeintes Gallien gegenüber, sondern vielmehr einzelne in Gallien

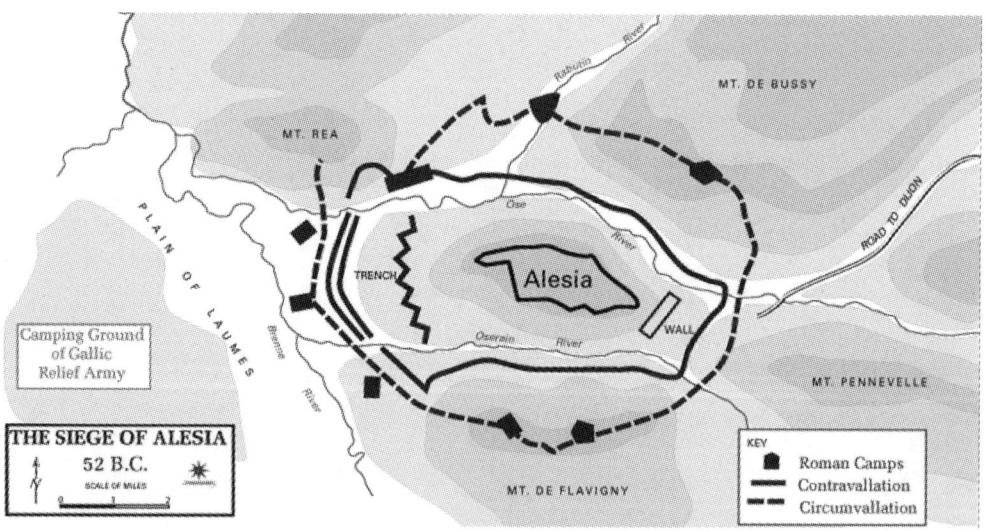

ansässige, mehrheitlich keltische Stämme, wobei sogar teilweise gallische Stämme den Römern gegen andere Gallier halfen.

Im Jahre 52 v. Chr. begann ein Aufstand unter der Führung des Arverners Vercingetorix, der viele, wenn auch nicht alle gallischen Stämme gegen die Römer vereinigte. Nachdem Cäsar zu Beginn erfolgreich einige gallische Oppida, also befestigte Siedlungen, erobern konnte, musste er die Belagerung von Gergovia abbrechen, weil auch der Stamm der Häduer von ihm abgefallen war.

Nachdem ein Überfall der Truppen des Vercingetorix auf die Legionen Cäsars gescheitert war, zogen sich die Gallier in das Oppidum Alésia zurück. Bei diesem handelte es sich um eine auf einem Hügel gelegene, mit Mauern befestigte Siedlung der Gallier.

Cäsar nutzte diese Gelegenheit im September 52 v. Chr., um die technische Überlegenheit der römischen Armee ausspielen zu können und beschloss, Alésia einzuschließen und zu belagern. Wie bei den Römern bei groß angelegten Belagerungen üblich, sollte Alésia durch eine Befestigungslinie von der Außenwelt abgeschnitten werden, die von den Legionären errichtet wurde. Diese umfasste einerseits einen palisadenbewehrten und mit Türmen verstärkten Wall mit vorgelagertem Graben nach innen, um Ausfälle der Gallier abzuwehren, und andererseits dieselbe Konstruktion nach außen, um Entsatzangriffe abzuwehren. Vervollständigt wurde diese Einschließungslinie noch durch mehrere Lager (Abb. 2).

Nachdem ein Reiterangriff der Gallier zu Beginn der römischen Schanzarbeiten erfolglos geblieben war, entließ Vercingetorix seine Reiterei, verbunden mit dem Auftrag, bei ihren Stämmen ein Entsatzheer aufzubieten. Um die Versorgungslage in dem eingeschlossenen Oppidum zu entschärfen, wurden Kranke und Alte, Frauen und Kinder aus Alésia herausgeschickt, doch Cäsar verweigerte ihnen den Durchzug durch die römischen Linien, so dass sie dort zum Großteil umkamen.

Nach einem nicht genauer einzugrenzenden Zeitraum erschien ein starkes gallisches Entsatzheer, und an drei Tagen griffen die Gallier die Römer gleichzeitig sowohl aus der belagerten Stadt heraus als auch von außen

*Abb. 2 (l.) Übersichtsplan von Alésia und den römischen Zernierungslinien.*
*Abb. 3 (r.) Statue des Vercingetorix in Alésia mit den Zügen Napoleons III.*

her an, doch jedes Mal blieben die Römer siegreich. Der dritte Angriff der Gallier wurde äußerst blutig zurückgeschlagen, und sogar der Anführer der Hilfstruppen, Vercassivelaunus, ein Vetter des Vercingetorix, geriet in Gefangenschaft. Danach löste sich das Entsatzheer auf.

Da kein weiterer Entsatz mehr zu erwarten war, und keine Aussicht auf einen Ausbruch mehr bestand, kapitulierte Vercingetorix und wurde mit den anderen Anführern gefangen genommen, der größte Teil der gallischen Krieger wurde versklavt; über das Schicksal des Oppidums schweigt Cäsar sich aus. Vercingetorix selber wurde als Gefangener mit nach Rom genommen, im Triumphzug Cäsars vorgeführt und anschließend erdrosselt (Abb. 3).

## Der jüdische Aufstand – Jotapata, Gamala und Masada

Judäa war seit dem Jahr 44 n. Chr. römische Provinz, stellte aber immer wieder einen Unruheherd dar.

Im Sommer 66 kam es durch den so genannten »Opferboykott«, also der Einstellung der Opfer im Namen des Kaisers, zur förmlichen Lossagung von Rom. Ein Versuch der Rückeroberung Jerusalems durch den syrischen Legaten Cestius Gallus scheiterte im Herbst 66, führte zu einem verlustreichen Rückzug der Römer und stärkte den Glauben der Juden an die Uneinnehmbarkeit des Tempels in Jerusalem.

In der Folge wurden Strategen, also örtliche Befehlshaber, von den Aufständischen mit der Verteidigung einzelner Gebiete beauftragt, so auch Flavius Josephus in Galiläa, doch bestand kein einheitliches Kommando und keine Koordination der getroffenen Maßnahmen.

Im Zeitraum Juni bis November 67 erfolgte die Rückeroberung Galiläas durch drei römische Legionen (mit Hilfstruppen insgesamt 60 000 Mann) unter dem Kommando des späteren Imperators Vespasian, wobei die Juden sich nicht auf ein Feldschlacht einließen, sondern die Römer einzelne Belagerungen durchführen mussten, so auch in Jotapata.

Nachdem in der Folgezeit weitere Orte von den Römern unterworfen wurden, und deren militärisches Engagement in Judäa zeitweilig wegen des römischen Bürgerkrieges nachließ, kam es im Jahre 70 zur Belagerung Jerusalems durch sechs Legionen unter dem Befehl von Titus. Nachdem die Stadt nach anhaltendem Widerstand durch die Römer eingenommen und der Tempel zerstört worden war, wurde der Aufstand von den Römern praktisch für beendet erklärt.

Die Eroberung der letzten Widerstandsnester dauerte noch bis zum Jahre 74, bis zur Eroberung von Masada.

## Jotapata

Jotapata ist im Norden des heutigen Staates Israel gelegen; die Stelle der ehemaligen Siedlung befindet sich auf einem Bergsporn und ist nur von Norden über einen Bergsattel zugänglich. Nachdem er in Ptolemais die notwendige Ausrüstung zusammengestellt hatte und den Weg nach Jotapata durch Vorauskommandos auch für die Kavallerie hatte passierbar machen lassen, zog der spätere Imperator Vespasian im Rahmen der Rückeroberung Judäas mit großen Truppenverbänden vor den Ort Jotapata, dessen förmliche Belagerung am 4. Juni 67 begann. Befehlshaber der Aufständischen in Jotapata war der spätere Historiker Flavius Josephus, der schon lange vor Beginn der Belagerung die Verstärkung der Befestigungen des Ortes veranlasst hatte, so dass es nun zu einer bis zum 20. Juli 67 andauernden Belagerung kam (Abb. 4).

*Abb. 4  Tell Jafat mit den Überresten der Siedlung Jotapata.*

Nachdem die Römer die Stadt direkt zu Beginn mit einem dreifachen Ring ihrer Truppen eingeschlossen hatten und ein erster Sturmversuch gescheitert war, begannen diese, einen Belagerungsdamm zu errichten. Zu diesem Zweck wurden Holz und Feldsteine aus der Umgebung herangebracht, und zum Schutz der an dem Damm arbeitenden Legionäre wurden Schutzdächer errichtet. Vespasian ließ nun auch die Artillerie in Stellung bringen: 160 Wurfmaschinen sowie eine nicht näher bezifferte Anzahl an Schleudermaschinen und zusätzlich noch Bogenschützen, vermutlich Hilfstruppen. Nachdem die Juden durch Ausfälle Schäden an den Belagerungswerken verursacht hatten, bauten die Römer die Belagerungswerke zu einem zusammenhängenden System aus.

Um den Aufständischen nun endgültig die Versorgung abzuschneiden, wurde nicht nur ein zur Wasserzuteilung der Einwohner genutzter Platz gezielt unter Beschuss genommen, sondern es wurden auch die letzten Schlupflöcher geschlossen, durch die die Stadt mit Lebensmitteln hatte versorgt werden können.

Als der Belagerungsdamm schließlich die Mauern von Jotapata erreichte, ließ Vespasian Rammböcke, so genannte Widder, einsetzen und die Artillerie näher heranführen. Nachdem weitere Ausfälle der Juden den Römern zwar Schaden zugefügt, sie aber nicht hatten aufhalten können, und auch weitere römische Sturmangriffe aufgrund von Listen der Verteidiger erfolglos geblieben waren, wurde der Belagerungsdamm erhöht und es wurden drei Belagerungstürme errichtet.

Letztendlich fiel die Stadt jedoch durch Verrat: Nachdem ein Überläufer den Römern die verzweifelte Lage der Verteidiger geschildert hatte, erstiegen diese am Morgen des 20. Juli 67 die Stadtmauer und konnten so Jotapata nach einer 47-tägigen Belagerung einnehmen.

# Gamala

Gamala oder auch Gamla befindet sich östlich des Sees Genezareth im Golan, im heutigen Syrien. Im Herbst des Jahres 67 zog Vespasian vor diesen von den Aufständischen gehaltenen Ort, um ihn zu erobern.

Auch vor Gamala, das aufgrund seiner Lage nicht gänzlich von den römischen Truppen eingeschlossen werden konnte, ließ Vespasian Erdaufschüttungen vornehmen, also wahrscheinlich einen Belagerungsdamm errichten, und Belagerungsmaschinen heranführen. Bereits nach kurzer Zeit durchbrachen die Römer die Stadtmauer mit ihren Rammböcken an drei Stellen, doch im anschließenden Häuserkampf in Gamala mussten die Römer eine empfindliche Niederlage hinnehmen und sich unter Verlusten aus der bereits erobert geglaubten Stadt zurückziehen.

In der Folge verstärkten die Römer ihre Belagerungsdämme noch, doch die Einnahme der Stadt erfolgte erst, als römische Soldaten unbemerkt einen Turm der Stadtmauer unterminierten und zum Einsturz brachten (Abb. 5 u. 6).

*Abb. 5 Bresche in der Stadtmauer von Gamala.*

# Masada

Die Belagerung von Masada, welche bis heute einen nationalen Mythos des Staates Israel darstellt, ist die letzte überlieferte militärische Aktion des jüdischen Aufstandes: Masada, in unmittelbarer Nähe des Westufers des Toten Meeres in Israel gelegen, war der letzte Stützpunkt aufständischer Juden in ihrem Kampf gegen Rom. Es handelt sich um einen schroff aufragen-

*Abb. 6  Ansicht des antiken Gamalas.*

den Felsen, der nur über einen schmalen und gesicherten Pfad zugänglich war, und auf dessen Plateau sich ausgedehnte Befestigungen und auch Zisternen und Vorratslager erstreckten.

Im Frühjahr des Jahres 74 zog die römische 10. Legion vor die Festung und zernierte diese durch eine 4,5 km lange Zirkumvallationslinie und acht Lager, errichtet letztlich mitten in der Wüste, so dass allein die Versorgung der römischen Truppen mit Wasser und Lebensmitteln einen enormen logistischen Aufwand bedeutet haben muss.

Daraufhin errichteten die Römer eine heute noch sichtbare Rampe, die bis auf das Niveau der Plattform des Felsens führte, um von dort ihre Belagerungsgeräte einsetzen zu können. Diese Rampe – wenngleich unter Ausnutzung eines natürlichen Spornes errichtet – weist bei einer Länge von 225 m eine Basisbreite von 50 bis 200 m auf, bei einer Auffüllhöhe von ca. 25 bis 30 m und einer Steigung von 17 Grad. Sodann kam ein Belagerungsturm mit Artillerie zum Einsatz, und die Mauern der Festung wurden mit einem Rammbock zerstört (Abb. 7).

Abb. 7  Ansicht von Masada

In der Nacht vor dem – offenkundig entscheidenden – Angriff der Römer brachten sich die 960 Verteidiger Masadas – mit Ausnahme von drei Personen, welche sich versteckt hatten – gegenseitig um, um nicht den Römern in die Hände zu fallen oder von diesen getötet zu werden, so dass die Römer eine praktisch ausgestorbene Festung eroberten.

Was den Ablauf dieser geschilderten Belagerungen anbelangt, ist festzustellen, dass diese von römischer Seite aus mit einem immensen Aufwand sowohl an Soldaten als auch an technischem Gerät geführt wurden.

Auch wenn bezüglich der Belagerungen keine genauen Zahlen vorliegen, so lässt doch die Tatsache, dass Vespasian insgesamt ein Kontingent von vermutlich 60 000 Soldaten zur Verfügung stand, den Rückschluss zu, dass zumindest eine beachtliche Zahl an Soldaten auch in den jeweils aktuellen militärischen »Hauptaktionen« zum Einsatz kam.

Das eingesetzte technische Gerät und die erbauten Dämme verdeutlichen zum einen die technischen Möglichkeiten und Fähigkeiten der römischen Armee, zum anderen aber auch deren Ressourcen.

Der Einsatz von Artillerie, konkret also sowohl von Steinschleudern und Katapulten zum Beschuss mit Bolzen, aber auch der massive Einsatz von Bogenschützen und Schleuderern, ist bei allen drei geschilderten Belagerungen des jüdischen Aufstands nachgewiesen bzw. zu erschließen, so dass es sich offenkundig um eine Standardwaffe der römischen Armee im Belagerungskrieg handelt.

Auch der Widder gehörte scheinbar zum Standardrepertoire der Römer, doch auch die Errichtung von Belagerungstürmen wird von Flavius Josephus wie eine Selbstverständlichkeit erwähnt. Dass es sich hierbei um ein Kriegsgerät handelt, dessen Herstellung nicht nur material- und arbeitsintensiv ist, sondern vor allen Dingen auch ein hohes Maß an Fachwissen erfordert, wird im *Bellum Judaicum* nicht erwähnt.

Desgleichen ist auch die Aufschüttung von Zernierungsringen wie in Masada oder die Verfüllung eines Grabens durch einen Belagerungsdamm bzw. wie in Masada gar die Errichtung eines Dammes zum Erreichen des Gipfelplateaus für die römische Armee kein größeres Problem, und eventuell in der näheren Umgebung nicht mehr vorhandenes Baumaterial wird kurzfristig aus weiterer Entfernung herangeschafft.

Die technischen Fähigkeiten der römischen Armee und ihre auch heute noch beeindruckenden Belagerungstätigkeiten sollen keinesfalls geschmälert werden, doch handelt es sich dabei nicht um innovative oder gar den Krieg verändernde Waffen und Kampfmethoden, sondern um durchaus auch schon in den vorhergehenden Jahrhunderten – so etwa bei Alexander dem Großen – übliche Methoden, die ihre entscheidende Stärkung erfuhren durch die Finanzkraft, Ausdauer und Organisation des römischen Heeres – ein Niveau, welches im Mittelalter nicht wieder erreicht wurde.

# 3. Entwicklung der Burgen und ihrer Wehrelemente

Um mittelalterliche Belagerungen verstehen zu können, muss man sich zuerst einmal das Erscheinungsbild des belagerten Objektes, also der Burg, vor Augen führen. Immerhin erstreckt sich »das Mittelalter« über einen Zeitraum von mehreren Hundert Jahren, und die sozialen Unterschiede des Besitzers oder Eigentümers einer Burg konnten durchaus groß sein – so lässt sich die Burg eines Landesherren nur schwerlich mit derjenigen eines Kleinadeligen vergleichen.

Zuerst einmal ist es notwendig, die »klassische« Adelsburg des Mittelalters von den Befestigungen früherer Jahrhunderte abzugrenzen: Bei den Befestigungen aus keltischer und germanischer Zeit, aber auch noch bei vielen frühmittelalterlichen Anlagen, die im allgemeinen Sprachgebrauch alle als »Burg« bezeichnet werden, handelt es sich in der Regel um großflächige Anlagen. Diese waren teilweise kontinuierlich besiedelt, teilweise aber auch nur als Fluchtburgen angelegt. Eines aber unterscheidet sie grundlegend von der Adelsburg des Mittelalters: Sie waren keine »private« Einrichtung eines Adeligen, sondern vielmehr der Zufluchtsort einer größeren Gemeinschaft, so dass hier ein grundlegend anderes soziales Konzept zum Tragen kommt. Daher waren auch die Befestigungen dieser

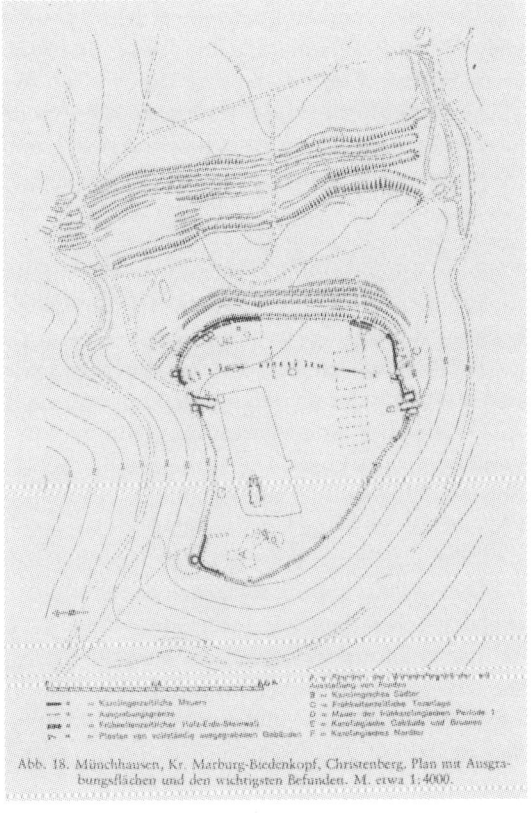

Abb. 18. Münchhausen, Kr. Marburg-Biedenkopf, Christenberg, Plan mit Ausgrabungsflächen und den wichtigsten Befunden. M. etwa 1:4000.

*Abb. 8 Grundriss der Kesterburg/Christenberg, Hessen.*

23

Anlagen anders strukturiert, und die Betonung lag auf einer äußeren Mauer (oder einer Wall-Graben-Befestigung), ohne dass es etwas Vergleichbares zu einem mittelalterlichen Bergfried oder Wohnturm gegeben hätte (Abb. 8).

# Wie sah die »klassische« mittelalterliche Adelsburg aus?

Vorab muss klargestellt werden, dass es sich bei einer Burg um ein sogenanntes multifunktionales Bauwerk handelt. Dies bedeutet, dass das Bauwerk »Burg« einer Vielzahl von verschiedenen Zwecken diente. Natürlich spielten militärische Überlegungen eine wichtige Rolle in Zeiten, als noch nicht die Rede sein konnte von einem starken Nationalstaat mit einem Gewaltmonopol, wie wir es heute kennen. Auch wenn die folgenden Ausführungen sich wegen der Thematik des vorliegenden Buches hauptsächlich auf diese militärischen Aspekte beschränken, so waren sie eben nur ein Aspekt unter vielen anderen. Eine Burg war vor allem der Wohnsitz eines Adeligen oder, zum Beispiel im Falle einer Reichsburg, der Wohnsitz eines vom König dort eingesetzten, zumeist ebenfalls adeligen Verwalters. Dieser Wohnsitz war befestigt, aber hatte gleichzeitig auch repräsentativ zu sein, er musste die finanziellen Möglichkeiten, die soziale Stellung und die Machtansprüche des Burgherrn widerspiegeln. Daher finden sich auf Burgen wie der Wartburg bei Eisenach oder der Burg Münzenberg in der Wetterau ausgedehnte sogenannte Palasbauten, große Gebäude mit einem repräsentativen Saal und Fenstern und Kapitellen, die aufwendig gestaltet sind und von Macht und Reichtum der Bewohner künden (Abb. 9 u. 10).

Die Burg war aber gleichzeitig auch ein Verwaltungs- und Wirtschaftszentrum, denn von hier wurde die Herrschaft verwaltet und hier wurden Abgaben eingesammelt. »Wirtschaftszentrum« bedeutet unter den damaligen Umständen natürlich auch, dass die Burg so etwas war wie ein Bauernhof: Hier waren, oft in der Vorburg, Pferde und Nutzvieh untergebracht.

Der Aspekt der Repräsentation und der Sichtbarkeit war auch wichtig bei der Wahl des Ortes, an dem man die Burg anlegte: Natürlich haben auch wirtschaftliche Überlegungen, wie die Kontrolle von Verkehrswegen oder auch von Bergwerken, eine große Rolle

*Abb. 9 Die Wartburg bei Eisenach.*

bei der Wahl des Bauplatzes gespielt, und auch rechtliche Fragen wie das Eigentum am Bauplatz mussten beachtet werden. Doch ebenso wichtig war die Frage nach der Sichtbarkeit der Burg für den Reisenden und die Untertanen. Ein Beispiel mag das verdeutlichen: Am Mittelrhein zwischen Koblenz und Bingen reihen sich imposante Burgen auf den Hängen entlang des Stromes auf wie Perlen an einer Kette. Doch eine effektive Kontrolle der Schifffahrt zum

*Abb. 10 Ansicht der Burg Münzenberg, Hessen.*

Zwecke der Zollerhebung war von den Burgen gar nicht möglich, da es viel zu lange gedauert hätte, um von der Burg ins Tal zu gelangen. Daher finden sich fast überall unterhalb der

*Abb. 11 Ansicht der Burg Stahleck vom Mittelrhein aus.*

Burgen und unmittelbar am Rhein gelegen Zollstationen, die sozusagen das Alltagsgeschäft übernahmen. Die zugehörigen Burgen aber liegen auf den Höhen – gut sichtbar für jeden Reisenden und ein beeindruckendes Beispiel herrschaftlicher Architektur (Abb. 11).

Letztlich ist die Lage einer Burg aber natürlich auch von der Landschaft abhängig: Wenn es, wie im norddeutschen Flachland, keine Berge gibt, dann genügt oft schon ein kleiner Hügel oder aber ein Wassergraben, während Burgen in gebirgigen Gegenden teilweise waghalsige Felskuppen besetzen.

## Wann beginnt nun die Entwicklung der mittelalterlichen Adelsburg, und wie gestaltete sich die architektonische und militärische Entwicklung?

Für die frühe Zeit des Burgenbaus im Sinne der Adelsburg haben wir nur spärliche Quellen, doch zeigen Burgen wie Loches oder Andonne in Frankreich, dass schon im späten 10. Jahrhundert steinerne Burgen mit beachtlichen Bauwerken existierten. Man darf aber nicht unterschätzen, dass es auch im 15. Jahrhundert noch sehr bescheiden dimensionierte Burgen gab, manchmal zu großen Teilen noch aus Holz errichtet. Eine eindeutige und summarische Entwicklungslinie lässt sich aufgrund der vielen Einzelfälle somit nur sehr schwer fassen, so dass die folgenden Ausführungen nur als Überblick verstanden werden dürfen.

*Abb. 12  Modell der hölzernen Burganlage Salbüel.*

Im 10. und 11. Jahrhundert bildeten sich die Grundzüge der Adelsburg aus. Ein gut erforschtes Beispiel einer frühen Holzburg ist Salbüel in der Schweiz, eine Burg des 10. bis 12. Jahrhunderts, wo eine ovale Palisade ein Hallenhaus, ein Grubenhaus und ein weiteres Nebengebäude umgab (Abb. 12). Die klassische Form einer solchen frühen Burganlage der Salierzeit stellt jedoch die Turmburg dar: Dabei war ein steinerner, meistens rechteckiger Wohnturm von drei bis fünf Stockwerken Höhe das zentrale Element der Burg. Dieser Turm wurde meistens von einer Ringmauer eng umgeben, und manchmal finden sich noch weitere bescheidene Gebäude

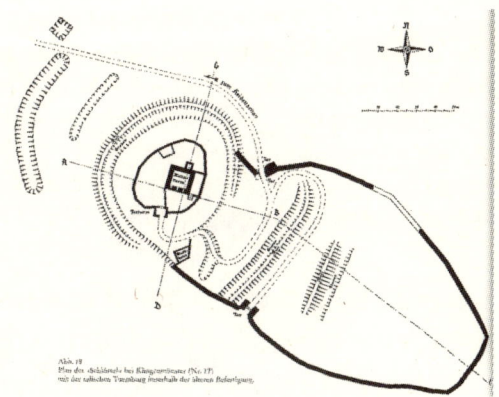

*Abb. 13  Grundriss der salierzeitlichen Burganlage Schlössel bei Klingenmünster, Rheinland-Pfalz.*

in dem so entstandenen Burghof. Ein sehr gut erforschtes Beispiel für eine solche Burg stellt das sogenannte Schlössel bei Klingenmünster dar. Dort wurde – eventuell noch im 11. Jahrhundert – auf einer Spornkuppe innerhalb einer karolingerzeitlichen Wallanlage ein quadratischer Wohnturm mit 13,3 m Seitenlänge errichtet, der von einer Ringmauer mit Torturm umgeben war. Innerhalb der Ringmauer fand man Überreste verschiedener Häuser, so unter anderem auch Reste eines Badehauses (Abb. 13).

Eine andere frühe Form der Adelsburg war die Motte. Dabei handelt es sich um einen künstlich angelegten Hügel, auf dem ein – zumeist hölzerner – Turm errichtet wurde. Die Größe und die Höhe dieser Mottenhügel variieren sehr stark und konnten mitunter beeindruckende Dimensionen erreichen. Zusätzlich befand sich vor dem Hügel eine niedriger gelegene Vorburg, die mit Wall und Graben gesichert war, und in der sich weitere Gebäude und beispielsweise Stallungen befanden. Zwei bekannte Beispiele für Motten aus dem deutschen Sprachraum sind der Husterknupp und Haus Meer, wo unter anderem kunstvoll gearbeitete hölzerne Fensterrahmen gefunden wurden. Bekannt sind auch die Darstellungen solcher Motten auf dem Teppich von Bayeux aus dem späten 11. Jahrhundert (Abb. 14 u. 15).

Im Hochmittelalter, also im 11. bis 13. Jahrhundert, erreichte der Burgenbau einen ersten Höhepunkt, und die Anlagen wiesen jetzt alle Bestandteile auf, die man einer klassischen Adelsburg zuschreibt: Das optisch herausragende Bauwerk einer Burg war der Hauptturm, meistens ein Bergfried, der im Gegensatz zu den Wohntürmen der Salierzeit nicht zum ständigen Bewohnen ausgelegt war. Weiterhin gab es in der Regel einen großen, steinernen

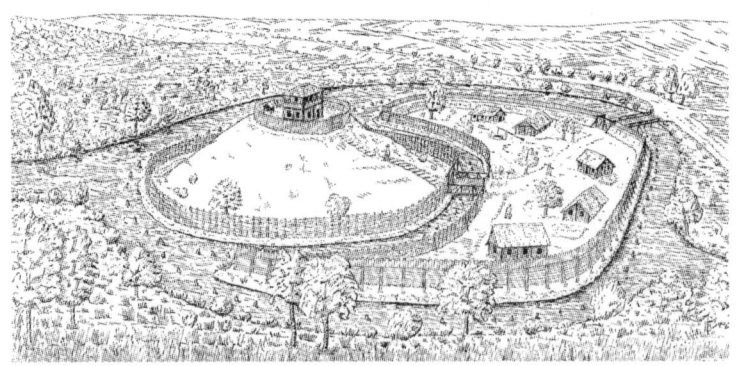

Abb. 14 *Die Belagerung der Motte von Dinan auf dem Teppich von Bayeux.*

Abb. 15 *Rekonstruktion der Motte Husterknupp in ihrer dritten Ausbauphase.*

Wohn- oder Saalbau, oft auch als »Palas« bezeichnet. Weitere Neben- sowie
Wirtschaftsgebäude kamen hinzu, und
die gesamte Anlage wurde von einer
Ringmauer umgeben. Das Tor war oft
aufwendig gesichert, manchmal sogar
mit eigenen Tortürmen, und auch eine
Kapelle durfte nicht fehlen (Abb. 16).

Im Spätmittelalter, also im 14. und
15. Jahrhundert, wurden die Burgen in
vielen Fällen weiter ausgebaut, und als
Reaktion auf die neuen Feuerwaffen

*Abb. 16  Burg Gleiberg, Kreis Gießen, Hessen.*

wurden zunehmend Zwinger errichtet, die als äußerer Mauerring noch vor der Ringmauer
lagen und mit niedrigen flankierenden Türmen für den Einsatz von Feuerwaffen versehen
waren. Es gibt sogar Fälle wie das Obere Schloss in Siegen oder die Burg in Herborn, wo die
alten, hohen Bergfriede niedergelegt wurden, weil man ihren Einsturz beim Beschuss durch
Kanonen fürchtete. Hier zeigt sich ein deutlicher Wandel in der Befestigungsweise: War es
bei der hochmittelalterlichen Burg wichtig, den Angreifer zu überhöhen und damit eine gute
Verteidigungsposition zu erlangen, so wurde es
in Zeiten der Feuerwaffen wichtiger, möglichst
dicke Mauern zu errichten, da die Geschütze der
Angreifer nun frontal auf die Mauerflächen
schossen, während die Blidenkugeln der frühe-
ren Jahrhunderte in einem hohen Bogen und
entsprechend flachem Winkel auf die Mauern
trafen (Abb. 17).

*Abb. 17  Funktionsweise einer Blide.*

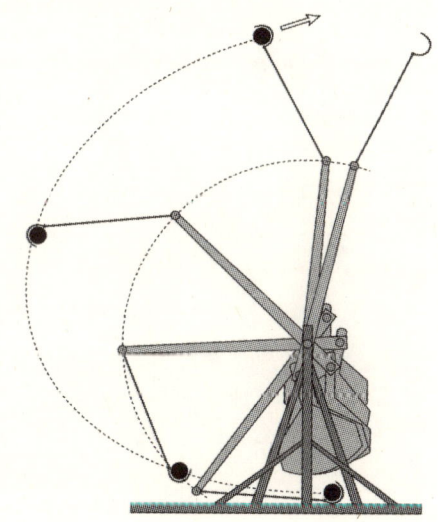

# Welche Verteidigungs-
# einrichtungen hatte eine
# Burg?

Eine der wichtigsten »Verteidigungseinrichtun-
gen« der Burg war ihre Lage. Idealerweise lag
die Burg auf einer Bergkuppe oder einem Bergsporn, so dass ein Angreifer nicht von einem
überhöhenden Punkt in die Burg hineinschie-

Abb. 18 *Burg Ardeck, Hessen.*

Abb. 19 *Teilweise rekonstruierter Wehrgang der Stadtmauer von Worms.*

ßen konnte oder sie zumindest nur von einer Seite, nämlich über den Bergrücken, erreichen konnte. Die gefährdete Seite einer Burg wurde dann meistens mit einem Burggraben gesichert, auch wenn dieser bei Höhenburgen nicht mit Wasser gefüllt war (Abb. 18).

Die nächste Verteidigungseinrichtung war natürlich die Ringmauer, auf der ein Wehrgang verlief (Abb. 19). Sie hatte oben Zinnen, die nicht nur einen symbolischen Wert hatten, sondern durch deren Zwischenräume, die Zinnenlücken, man auf die Angreifer schießen konnte oder schlicht Steine oder Ähnliches auf sie herabwerfen konnte. Siedendes Öl oder Pech hingegen wurde nicht verwendet – der Aufwand und die Kosten waren schlicht zu hoch, und dies ist lediglich eine romantische Erfindung des 19. Jahrhunderts. Der Bergfried selber hatte eine eher geringe militärische Bedeutung: Wenn er an der Ringmauer stand, konnte man von seiner Plattform aus natürlich ebenfalls schießen, aber er war eher Aussichtspunkt und Machtsymbol als von praktischer Bedeutung (Abb. 20). Die Toranlagen waren zusätzlich gesichert, da sie den gefährdeten Punkt der Burg darstellen, und standen oft in Verbindung mit einer hölzernen Brücke oder später auch mit einer Zugbrücke.

Ein entscheidender Entwicklungsschub in Sachen Wehrhaftigkeit der Burg ging von den Kreuzzügen aus: Die Kreuzzüge waren eine Unternehmung, an der Ritter und Adelige aus ganz Europa beteiligt waren und welches diese in Kontakte mit Byzanz und dem islamischen Kulturraum brachte. Des Weiteren kamen bei den Kreuzzügen Heere in einer Größe zusammen, wie sie im deutschen Sprachraum im Mittelalter nicht vorgekommen waren, und in Verbindung mit den finanziellen und logistischen Möglichkeiten, die in den Kreuzzügen gebündelt wurden, kam es zu einer enormen militärischen Anstrengung und Entwicklung. Als Beispiel soll hier nur angeführt werden, dass für das gesamte Mittelalter im deutschen Sprach-

*Abb. 20 Neckarsteinach, Hinterburg.*

*Abb. 21 Innenansicht eines Flankierungsturms der Burg Münzenberg*

raum nicht ein einziger gesicherter Beleg vorliegt, dass ein fahrbarer hölzerner Belagerungsturm benutzt worden wäre – während der Einsatz solcher Geräte im Rahmen der Kreuzzüge durchaus üblich war! Auch wenn also mangels finanzieller Möglichkeiten und Personal nicht alle Geräte und Praktiken, mit denen die Kreuzfahrer in Berührung kamen, eins zu eins im deutschen Sprachraum übernommen werden konnten, so hatten die Kreuzzüge doch eine

*Abb. 22 (r.) Schlüssellochscharte in der Stadtmauer von Murten, Schweiz*

*Abb. 23 Burg Tannenberg an der Bergstraße.*

*Abb. 24 Artillerietauglicher Turm der Burg Lichtenberg im Odenwald, um 1500 erbaut.*

nicht zu unterschätzende Bedeutung auch im militärischen Bereich. Dazu zählten insbesondere auch Innovationen bei der Befestigung der Burgen: Ab dem frühen 13. Jahrhundert tauchen dann auch in Mitteleuropa flankierende Türme an den Ringmauern auf, und die Schießscharte hielt Einzug, so dass nun nicht mehr nur vom Wehrgang auf den Angreifer geschossen werden konnte, sondern auch auf anderen Ebenen. Damit standen den Verteidigern nunmehr wesentlich bessere Möglichkeiten zur Abwehr von Angriffen zur Verfügung als zuvor (Abb. 21 u. 22).

Der nächste entscheidende Entwicklungsschritt war die Reaktion auf die ab der Mitte des 14. Jahrhunderts aufkommenden Feuerwaffen. Burg Tannenberg an der Bergstraße war 1399 die erste Burg, die unter massivem Einsatz von Feuerwaffen erfolgreich belagert und regelrecht kaputt geschossen wurde (Abb. 23). Die logische Konsequenz war einerseits, dass einerseits soweit wie möglich dickere und damit widerstandsfähigere Mauern errichtet wurden und andererseits auf den Bau allzu hoch aufragender Türme an den Ringmauern verzichtet werden konnte, da die Überhöhung nicht mehr den entscheidenden Vorteil bot wie in den Jahrhunderten zuvor, sondern im Gegenteil die Gefahr des Einsturzes mit sich brachte. Der nächste folgerichtige Schritt war dann natürlich die Einbeziehung der Feuerwaffen in die Verteidigung der Burg. Dazu errichtete man bollwerkartige niedrige Türme mit dicken Mauern, die die Ringmauern flankierten und

*Abb. 25 (l.) Feuerwaffentaugliche Scharten der Giechburg/ Bayern.*

auch das Vorfeld der Burg bestreichen konnten. An den neuen Formen der Schießscharten, die nun auch für Kanonen tauglich sein mussten, kann man diese Bauten leicht identifizieren (Abb. 24 u. 25).

Ein beeindruckendes Beispiel für die Reaktionen auf den Feuerwaffeneinsatz stellt die Burg Neu-Scharfeneck in der Pfalz dar: Die Burg, die trotz ihrer späteren Umbauten noch deutlich durch den Ausbau der Zeit Friedrichs des Siegreichen in der Mitte

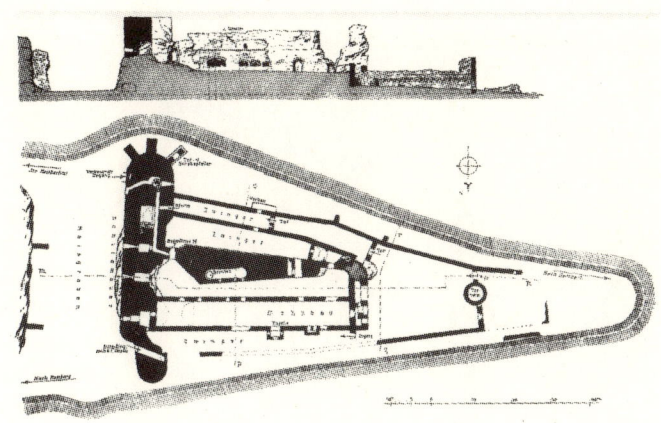

*Abb. 26  Grundriss der Burg Neu-Scharfeneck mit ihrer beeindrucken-den Schildmauer.*

des 15. Jahrhunderts geprägt ist, zeigt nahezu exemplarisch das Problem der angemessenen Reaktion auf die Einführung der Feuerwaffen. Die Burg mit einem dreieckigen Grundriss von maximal 150 m Länge und 60 m Breite liegt auf einem west-östlich ausgerichteten Bergsporn, von dem sie durch einen Halsgraben getrennt ist. Die ursprüngliche Burganlage, deren Entstehung in die zweite Hälfte des 13. Jahrhunderts datiert wird, befand sich wohl auf und an dem Burgfelsen, der noch heute die Burganlage in Ost-West-Richtung teilt. Es wird angenommen, dass bereits diese erste Anlage eine aus Buckelquadern errichtete Schildmauer besaß.

Nach der Wiedereinlösung der Burg durch Friedrich I. den Siegreichen 1469 erfolgte der Ausbau der Burg, welcher vermutlich 1472 abgeschlossen war. Dabei wurde, die alte Schildmauer integrierend, eine neue Schildmauer errichtet, die dem Mittelteil der heutigen Mauer entspricht. Nach den Zerstörungen im Bauernkrieg fand ein erneuter Ausbau der Burg statt. Die Schildmauer wurde erhöht und ihr an beiden Seiten jeweils ein rondellartiger Anbau hinzugefügt. Dadurch entstand eine 60 m lange, 20 m hohe und bis zu 12 m starke Schildmauer, welche die Wohnbauten zur Angriffsseite hin völlig verbirgt. An offensiven Verteidigungsmöglichkeiten weist diese Schildmauer gerade einmal vier unterirdische Gewölbe für jeweils ein Geschütz auf sowie eine unbekannte Anzahl Feuerwaffen auf der Geschützplattform (Abb. 26).

Die Einführung der Feuerwaffen bzw. deren Weiterentwicklung bedeutete aber nicht gleichzeitig, dass das »Ende der Burg« gekommen war. Zwar wurden ab dem 15. Jahrhundert

*Abb. 27 Burg Lichtenberg im Odenwald.*

praktisch keine neuen Burgen mehr erbaut, aber das lag nicht nur an militärischen Erwägungen: Der gestiegene Anspruch an wohnlichen Komfort machte eine auf der Höhe liegende Burg für die Adeligen eher unattraktiv, und wer es sich leisten konnte, baute sich ein Schloss, bei dem die Betonung auf Komfort lag, wenngleich es in der Regel immer noch leicht befestigt war (Abb. 27). Alternativ konnte man die mittelalterliche Burg auch den neuen Standards entsprechend umbauen. Für militärische Zwecke hingegen erbauten diejenigen, die es sich leisten konnten, also in der Regel die Landesherren, große Festungen. Das bedeutet aber nicht, dass Burgen militärisch wertlos geworden waren. Es gibt genügend Beispiele aus dem Dreißigjährigen Krieg (1618 bis 1648) und vereinzelt auch noch aus späteren Zeiten, die zeigen, dass Burgen erfolgreich verteidigt wurden. Gegen ein starkes Heer waren sie vielleicht nicht zu halten, gegen umherziehende Truppen oder Marodeure, die auf schnelle Beute aus waren, genügt eine mittelalterliche Burg als Befestigung aber weiterhin.

Während frühe Burgen und insbesondere die oben erwähnten Motten fast vollständig aus Holz errichtet waren, wird später Stein zum bevorzugten Baumaterial. Dies darf allerdings nicht darüber hinwegtäuschen, dass es auch im 14. Jahrhundert noch reine Holzburgen gab. Insbesondere der heutige Anblick einer Burgruine trügt, weil sich natürlich nur die steinernen Gebäudeteile erhalten haben. Die hochmittelalterliche Burg wies aber eine Vielzahl hölzerner Bauteile auf: Nicht nur die Dächer oder die Wehrgänge waren aus Holz, manchmal (aus statischen Gründen) auch die Obergeschosse eines Turmes, und viele der Wirtschaftsbauten waren aus Holz oder als Fachwerkkonstruktion ausgeführt (Abb. 28).

Oftmals wird die Frage gestellt, wie effektiv eine Burg unter militärischen Gesichtspunkten eigentlich war, insbesondere in den Zeiten nach dem Aufkommen der Feuerwaffen. Dies kann man nicht pauschal beantworten, da es immer eine Frage der Relation war: Natürlich war eine kleine, hochmittelalterliche Burg im 15. Jahrhundert den modernen Feuerwaffen nicht mehr gewachsen, wie auch einige der unten angeführten Beispiele belegen, aber andererseits werden wir bei diesen Beispielen auch erkennen, dass es nicht nur mühsam und langwierig war, die Geschütze vor eine Burg zu bringen, sondern dass es in aller Regel nur große Städte oder Landesherren waren, die überhaupt die finanziellen Möglichkeiten hatten, sich diese Geschütze und ihren Transport zu leisten – zur Verteidigung gegen einen kleinadeligen Nachbarn oder gar gegen umherziehende Diebesbanden genügte eine Burg in aller Regel auch noch im 17. Jahrhundert.

Man darf es sich wohl ähnlich vorstellen wie in der heutigen Zeit, in der modernste Kriegswaffen wie unbemannte Drohnen oder aktuelle Kampfpanzer militärische Übermacht suggerieren – doch betrachtet man, dass in Drittweltstaaten ein Putsch oder ein Bürgerkrieg geprägt ist von den allgegenwärtigen Toyota-Pickups mit provisorisch installierten Maschinengewehren oder im Extremfall von Panzern der 1950er Jahre, dann wird klar, dass es immer auf die Stärke und Ausrüstung beider Seiten ankommt, also letztlich eine Frage der Relation ist, wer hier gegen wen kämpft. Und ebenso hat es sich auch mit den mittelalterlichen Burgen verhalten.

*Abb. 28 Ansicht der Burg Rheinfels von Wilhelm Dilich, um 1607.*

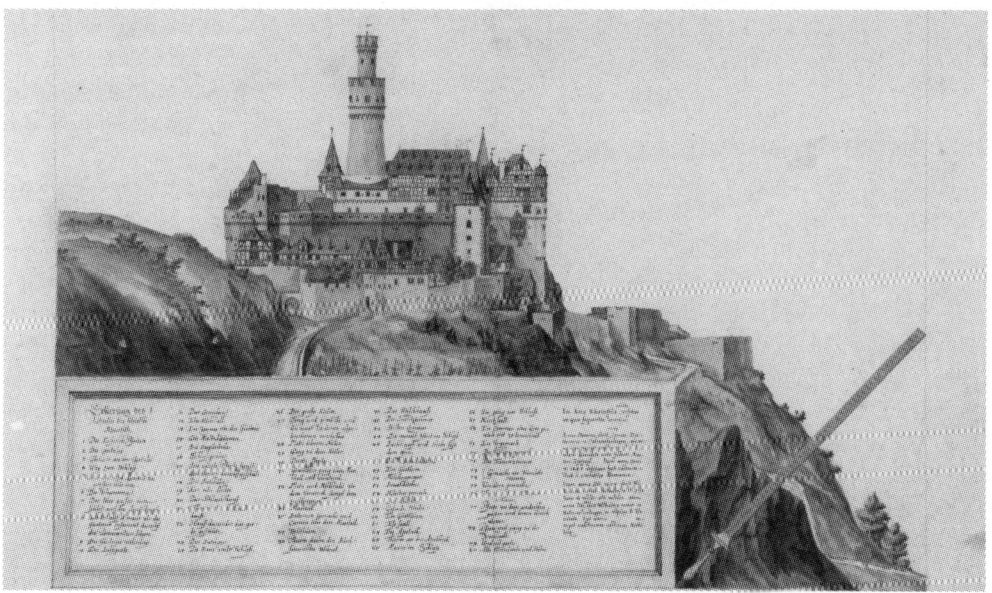

# 4. Entwicklung der Waffentechnik und der Taktik

Die Probleme, mit denen die Angreifer einer Burg oder auch einer befestigten Stadt konfrontiert wurden, haben sich im Laufe der Jahrhunderte nicht wesentlich verändert. Von der Antike bis zum effektiven Einsatz der Luftwaffe im 20. Jahrhundert galten immer nahezu identische Grundsätze.

Die mit Abstand einfachste, schnellste und vor allen Dingen kostengünstigste Variante, eine Burg einzunehmen, bestand darin, sie in einem überraschenden Handstreich zu nehmen, und eventuell versuchte man zu diesem Zweck auch, sich die Hilfe eines Verräters zu sichern. Dass eine solche Überrumpelung im mittelalterlichen Alltag bei einer kleineren Burg durchaus gelingen konnte, belegt ein Fall, der in einer schweizerischen Chronik des 15. Jahrhunderts geschildert wird: Hier warten die Angreifer in einem Gebüsch versteckt, bis die letzten Bewohner die Burg verlassen haben und zur Arbeit aufs Feld gegangen sind! Anschließend laufen sie in die Burg und schließen das Tor. So sagenhaft diese Schilderung klingen mag, wenn man das Bild einer romantischen »Ritterburg« mit vielen Zinnen und Wächtern vor Augen hat – bei einer kleinen Burg mit nur wenigen Bewohnern mag eine solche Taktik tatsächlich funktioniert haben.

Wenn die Überrumpelung nicht gelungen war, so mussten sich die Angreifer – wenn sie denn Geld und Männer genug besaßen – vor der belagerten Burg verschanzen und ein eigenes Lager errichten, das gegebenenfalls gegen Ausfälle und Entsatz gesichert wurde (Abb. 29 u. 30). Danach gab es natürlich die Möglichkeit, einfach abzuwarten, bis den Belagerten die Verpflegung und das Wasser ausging, doch konnte das im

*Abb. 29 Belagerung der Burg Wildenstein 1324.*

schlimmsten Falle Monate dauern. Natürlich gefährdete man dabei das Leben der eigenen Truppen weniger stark als bei einem Sturmangriff, aber Söldner wollen bezahlt werden, und Hörige fehlen natürlich für die Arbeit auf dem Feld, solange sie untätig vor der feindlichen Burg im Lager sitzen. Daher versuchte man in vielen Fällen, die Belagerung zu einem schnelleren Abschluss zu bringen.

Will man nun aber eine Burg oder eine befestigte Stadt erobern, so gibt es nur drei Wege, das Problem der Mauer zu »lösen«: Darüber, darunter oder hindurch lauten die drei entscheidenden Alternativen.

»Darüber« bedeutet, dass man versuchte, die Mauer zu überwinden. Dies bedeutete im Normalfall, dass man einen Sturmangriff unternahm, um auf an die Mauer gelehnten Leitern hochzuklettern, damit man auf den Wehrgang der Burg gelangen konnte. Dass ein solcher Angriff sehr verlustreich sein konnte, versteht sich von selbst (Abb. 31).

Eine wesentlich aufwendigere, aber auch erfolgversprechende Methode war es, einen Belagerungsturm zu bauen, also einen fahrbaren hölzernen Turm, von dem oben eine Brücke herabgelassen werden konnte, über die man auf die Mauer kam. Die Errichtung eines solchen Turmes kostete jedoch viel Zeit und Material, und außerdem brauchte man Experten, die so etwas überhaupt bauen konnten. Daher verwundert es nicht, dass ein solcher Turm zwar bei den Italienzügen Friedrich Barbarossas im 12. Jahrhundert

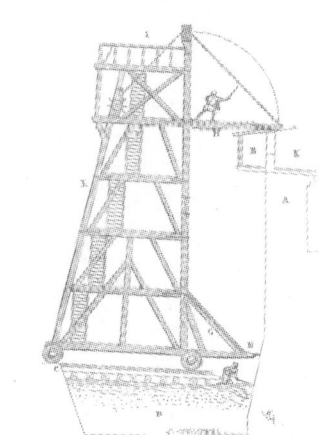

*Abb. 30 (o.) Belagerungsschanze vor der Randenburg, Unterfranken.*
*Abb. 31 (m.) Die Erstürmung von Strättlingen 1331.*
*Abb. 32 (u.) Belagerungsturm.*

oder bei den großen Belagerungen im Heiligen Land im Rahmen der Kreuzzüge zum Einsatz gelangte – aber vermutlich nie bei der Belagerung einer Burg im deutschen Sprachraum. Auch wenn sich derartige Überlieferungen manchmal in der Literatur finden, wie zum Beispiel bei der Belagerung der Burg Tannenberg an der Bergstraße in Hessen 1399, so handelt es sich doch fast immer um ein romantisches Klischee. Im Fall der Burg Tannenberg erkennt man übrigens noch ein sehr profanes Problem, das die Nutzung eines Belagerungsturms unmöglich machte: An keiner Seite der Burg gibt es eine ebene Fläche, die so nahe an die Ringmauer heranführt, dass man dort einen Turm hätte heranschieben können ... (Abb. 32).

Die zweite Alternative, die es gab, um das Problem der Mauer zu »lösen« war, unter der Mauer hindurchzukommen bzw. sie von unten zum Einsturz zu bringen. Dieses Vorgehen, der Bau von Minen oder Sappen ist bereits seit dem Altertum bekannt und wurde auch im Mittelalter weiter verwendet. Während die Römer besondere Spezialisten in ihren Truppen hatten, die derartige Minen bauten, griffen die mittelalterlichen Kriegsherren regelmäßig auf die Dienste von Bergleuten zurück.

Es gab zwei verschiedene Ziele, die man mit der Errichtung einer solchen Mine verfolgen konnte: Entweder man versuchte, eigene Soldaten ungesehen in die feindliche Burg zu bringen, oder aber man grub einen Stollen bis unter die Fundamente der Mauern, füllte diesen mit brennbarem oder gar sprengbarem Material und versuchte so, die Ringmauer zum Einsturz zu bringen. Da ein solches Vorgehen zeit- und kostenintensiv war, wurde es nur in Ausnahmefällen angewendet. Je nach Beschaffenheit des Bodens waren hier unterschiedliche Bauweisen notwendig: Im Umfeld von King John's Castle in Limerick/Irland beispielsweise wurden bei Ausgrabungen die Reste der Holzversteifungen gefunden, mit deren Hilfe die Minengänge in dem weichen Untergrund gesichert werden mussten, als die Burg im englischen Bürgerkrieg 1642 belagert wurde (Abb. 33). Gänzlich anders stellt sich die Situation in Fällen wie Burg Alt-Windstein/Elsass oder Burg Berwartstein/

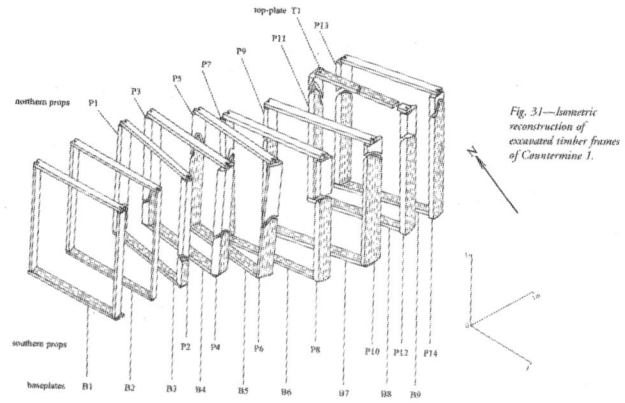

*Fig. 31.—Isometric reconstruction of excavated timber frames of Countermine 1.*

*Abb. 33 Rekonstruktion der hölzernen Stabilisierung der Minenstollen in King John's Castle, Limerick/Irland.*

Rheinland-Pfalz dar, wo die Minenstollen in den anstehenden Sandstein gegraben wurden und bis heute nahezu vollständig erhalten sind.

Ein Problem bei dem Bau von Stollen war aber, dass dieses Vorgehen den Verteidigern meistens nicht verborgen blieb: Nicht nur die Geräusche des Grabens konnten auffallen, sondern auch die Tatsache, dass der Aushub weggeschafft werden musste, konnte die Angreifer verraten. In solchen Fällen kam es häufig dazu, dass die Verteidiger Gegenminen gruben, und manchmal kam es dabei zu erbitterten Kämpfen unter Tage. In Dura Europos, einer römischen Stadt im heutigen Syrien, konnten die Überreste der Toten solcher Kämpfe aus dem Jahre 256/257 n. Chr. bei archäologischen Untersuchungen noch in den Stollen entdeckt werden. Auch im schottischen St. Andrews Castle kann man noch heute sehen, wie die Gegenmine der Verteidiger von oben auf die Mine der Angreifer getroffen ist (Abb. 34).

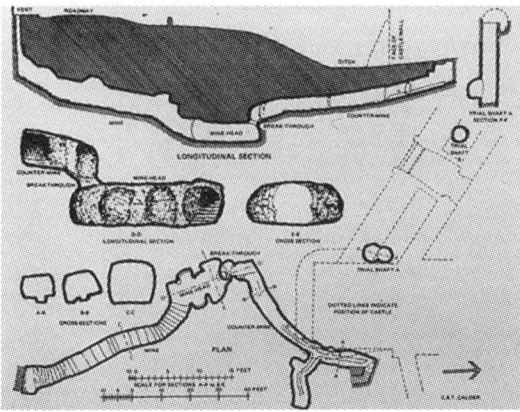

*Abb. 34  Plan von Mine und Gegenmine in St. Andrews Castle, Schottland.*

*Abb. 35  Battle of the Crater, Eingang zum Minenstollen.*

Gerade die Minenkriegführung hat sich im Laufe der Jahrhunderte kaum verändert: Bei der Belagerung von Petersburg/Virginia im amerikanischen Bürgerkrieg 1864 gruben die Nordstaatler auf Anraten von Truppen, die aus den Kohlerevieren Pennsylvanias kamen, eine große Mine um eine Bastion der Südstaatler, die die Stadt verteidigten, in die Luft zu sprengen. Der Plan gelang – doch da die Generale keine rechte Vorstellung davon hatten, welchen Effekt eine solche Mine erzielt, fehlte es an Truppen, die die Lücke ausnutzen konnten. Im Gegenteil, eine große Zahl der Angreifer wurde von den Südstaatlern erschossen, als sie fasziniert in den entstandenen Krater hinabkletterten ... (Abb. 35). Einen letzten Höhepunkt erreichte diese Art

*Abb. 36 (o.) Archäologische Untersuchung des Eingangs eines Minenstollens aus dem Ersten Weltkrieg in Flandern.*
*Abb. 37 (u.) Darstellung einer Belagerung im* Codex Manesse.

der Kriegführung dann im Ersten Weltkrieg an der Westfront, wo Deutsche und Alliierte insbesondere (aber nicht nur) in Flandern riesige Minenkomplexe erbauten, um die nunmehr zum Schützengraben gewandelte Mauer zu durchbrechen. Erbaut wurden diese Anlagen auf beiden Seiten von ehemaligen Bergleuten, im Falle der Alliierten insbesondere solche aus Kanada und Australien. Die Sprengung von 19 der 21 angelegten Minen bei Messines durch die Engländer am 7. Juni 1917 gilt als eine der größten von Menschen verursachten Explosionen und konnte angeblich noch in Dublin gehört werden (Abb. 36).

Die dritte Alternative, die man nutzen konnte, um das Problem Mauer zu »lösen«, war der direkte Weg hindurch, also das Schaffen einer Bresche. Dies konnte einerseits gelingen durch das Sprengen einer Mine, andererseits aber auch dadurch, dass man unter einem Schutzdach mit Hacken versuchte, die Mauer direkt zu durchbrechen. Solche Fälle sind aber eher selten überliefert, weil die Angreifer sich trotz des Schutzdaches in großer Gefahr befanden, und die Verteidiger die Mauer im Inneren an der gefährdeten Stelle problemlos verstärken konnten (Abb. 37).

Damit blieb die Möglichkeit, eine Mauer durch Beschuss zu zerstören – eine Methode, die mit »Bliden« genannten Steinschleudern oder später mit Kanonen durchgeführt wurde.

Daher soll an dieser Stelle die waffentechnische Entwicklung während des Mittelalters kurz geschildert werden: Die Entwicklung der Handwaffen spielt im Rahmen von Belagerungen nur eine untergeordnete Rolle und wird daher hier nicht behandelt. Entscheidend sind

jedoch das Aufkommen von Bliden und deren Entwicklung sowie die Erfindung der Feuerwaffen.

Bliden, oft auch französisch »Trébuchet« genannt,
also große Steinschleudern, sind im Mittelalter im
westlichen Europa seit dem 12. Jahrhundert belegt.
So ist ihr Einsatz beispielsweise bei der Eroberung
von Lissabon durch die englischen Kreuzfahrer 1147
nachgewiesen und auch in Handschriften jener Zeit,
wie beispielsweise im *Liber ad honorem Augusti* von Petrus de Ebulo, finden sich Darstellungen von Bliden,
sogar als der Verteidigung dienende Geschütze auf
Türmen. Dabei handelte es sich aber nur um eine relativ leichte Form der Steinschleuder, da sie so funkti-
onierte, dass an der einen Seite des Wurfarmes das
Geschoss platziert wurde, und der Wurfarm sodann
durch Muskelkraft herabgezogen wurde, so dass das
Geschoss fortgeschleudert wurde. Selbst wenn ganze Gruppen von Soldaten gemeinsam zogen, waren
das Gewicht der Geschosse und die Reichweite ver-
ständlicherweise doch beschränkt (Abb. 38).

Einen großen Entwicklungsschritt bedeutete daher die Einführung der Blide mit Gegengewicht.
Diese funktioniert ebenfalls nach dem Hebelarm-
prinzip – dabei sorgt nun aber ein Gegengewicht

*Abb. 38 Darstellung aus dem* Liber ad honorem Augusti.

auf dem kurzen Arm für die Beschleunigung des langen Arms. Das Geschoss liegt am Ende
des langen Arms in einer Schlinge, so dass die Rotationen des Wurfarms und der Schlinge
gemeinsam für die Beschleunigung des Geschosses sorgen. Auf diese Weise konnten Ge-
schossgewichte bis zu 50–60 kg und Reichweiten von bis zu 500 m erreicht werden. Ein
weiterer Vorteil ist die Zielgenauigkeit einer solchen Gegengewichtsblide: Solange am Gewicht und den gespannten Seilen nichts geändert wird und auch Gestalt und Gewicht des
Geschosses unverändert bleiben, können mehrere Schüsse hintereinander an nahezu der
gleichen Stelle einschlagen. Aufgrund der Einführung dieser Bliden, sozusagen der schweren
Artillerie des Mittelalters, waren plötzlich viele Burgen, die noch in den Zeiten zuvor gegründet worden waren, gefährdet, da sie beschossen werden konnten. Anderseits war eine
solche Blide ein sehr aufwendiges und teures Gerät, dass sich nur Städte und bedeutende
Herren leisten konnten: Bei einem Gegengewicht von über 10 Tonnen und Armlängen von
an die 20 m wirkten hier erhebliche physikalische Kräfte, so dass es teuer bezahlter Experten

*Abb. 39 (o.) Darstellung einer Blide im Codex Manesse.*
*Abb. 40 (u.) Blide in einem Buch des Konrad Kyeser vom Ende des 14. Jahrhunderts.*

bedurfte, um solche Geräte zu bauen. War eine Blide einmal erbaut, konnte man sie zum Zwecke des Transports oder auch der Lagerung abbauen und anschließend wieder zusammenfügen. Es gibt Berichte, dass in manchen Fällen eine Blide vor dem Einsatz auf dem Marktplatz aufgeschlagen und ein Probeschuss abgefeuert wurde, bevor man sie verlud und an den Einsatzort brachte (Abb. 39).

Die hier beschriebenen Gegengewichtsbliden tauchen im deutschen Sprachraum etwa ab 1200 auf – gesichert ist ein Einsatz bei der Belagerung der Burg Weißensee/Runneburg in Thüringen im Jahre 1212 durch Kaiser Otto IV., doch gibt es Indizien, dass sie bereits kurze Zeit zuvor schon genutzt wurde. Letztlich blieben diese Gegengewichtsbliden das gesamte Mittelalter hindurch in Verwendung und wurden sodann sukzessive durch Kanonen abgelöst, wobei sie aber den Vorteil hatten, dass man nicht nur steinerne Kugeln werfen konnte, sondern beispielsweise auch Fässer mit Unrat in eine belagerte Burg schleudern konnte. Daher blieben Bliden noch bis um die Mitte des 15. Jahrhunderts im Einsatz, doch eine Episode während der Eroberung Mexikos durch Hernán Cortés 1520 belegt, dass das Wissen um diese Geräte zunehmend verloren ging: Nachdem die Spanier nicht mehr genug Pulver für den Einsatz ihrer Kanonen hatten, versuchten sie, eine Blide zu bauen. Dieser Versuch scheiterte jedoch kläglich – der Chronist beschreibt, wie die steinerne Kugel beim ersten Schussversuch senkrecht in die Höhe geschleudert wurde und beim Herabfallen das hölzerne Gerät zerstörte.

Es gibt heute eine Vielzahl verschiedener Rekonstruktionen von derartigen Bliden, und mit manchen wurden auch wissenschaftliche Versuche und Tests unternommen. Da sich aber keine einzige Blide aus dem Mittelalter erhalten hat und es auch keine zeitgenössische Konstruktionszeichnung gibt, sind alle diese Rekonstruktionen bis zu einem gewissen Maße spekulativ (Abb. 40).

Wie effektiv war aber nun eine Blide, wenn es darum ging, die Ringmauer einer belagerten Burg zu zerstören? Diese Frage kann man nur mit Einschränkungen beantworten. Es gibt Fälle wie beispielsweise die Wysburg in Thüringen, wo man bei Ausgrabungen über 30 Blidenkugeln im Bereich der Kernburg und des Bergfrieds gefunden hat, die offensichtlich während einer Belagerung, vermutlich durch Rudolf von Habsburg gegen Ende des 13. Jahrhunderts, in die Burg geschleudert wurden (Abb. 41). Anschließend brannte die Burg ab und Teile der Mauern wurden gezielt geschleift und niedergelegt. So faszinierend die-

*Abb. 41 Nachbau einer Blide auf der Burg Weißensee/Runneburg in Thüringen.*

ser Befund auch ist, so gibt er doch keine Gewissheit darüber, ob die Ringmauer oder der Bergfried wirklich durch Blidenkugeln zerstört wurden. Betrachtet man die Flugbahn einer solchen geschleuderten Steinkugel, die im hohen Bogen heranfliegt, so erscheint dies eher unwahrscheinlich, da die Kugel in einem flachen Winkel schräg auf die Mauerflächen trifft, viel Energie also ungenutzt verpufft anstatt Druck auf die Mauer auszuüben. Diese Vermutung wird noch dadurch untermauert, dass zum Beispiel in der *Österreichischen Reimchronik* des Ottokar aus der Gaal aus dem beginnenden 14. Jahrhundert eindrücklich beschrieben wird, wie durch Blidenbeschuss die hölzernen Aufbauten wie Wehrgänge und Erker von den Mauern geschossen und die Dächer beschädigt werden; von der Zerstörung der Ringmauer hingegen spricht der Chronist nicht. Wahrscheinlich war es neben dieser Schädigung und der Angst um Leib und Leben auch der psychologische Effekt, der den Einsatz einer Blide für die Angreifer lohnenswert machte: Denn wer solche Kosten und Mühen auf sich nimmt, um eine Burg anzugreifen, der wird nicht einfach unverrichteter Dinge wieder abziehen, wenn die Einnahme der Burg nicht in kürzester Frist gelingt!

Der nächste Schritt in der Entwicklung der Waffentechnik war die Einführung der Feuerwaffen. Wann und wo Schwarzpulver und Feuerwaffen erfunden und entwickelt wurden, ist in der Forschung seit langem umstritten. Hinweise auf die frühe Verwendung von

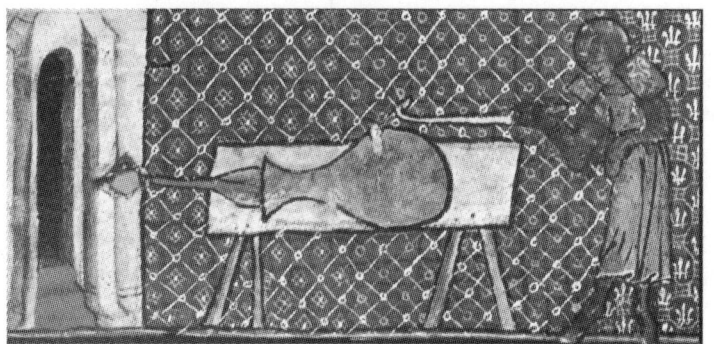

*Abb. 42 Früheste Darstellung einer Büchse, die noch Pfeile verschießt, Walter de Milemete, um 1326.*

Schwarzpulver finden sich in China, Byzanz und im arabischen Raum, und ab wann die treibende Kraft des Schwarzpulvers für Geschütze benutzt wurde, ist ebenfalls völlig offen. Dass es seinen Namen von dem Freiburger Franziskanermönch Berthold Schwarz bekommen hat, der das Schießpulver angeblich entdeckt hat, gehört wohl auch ins Reich der Sage.

Fest steht, dass ab den 1320er Jahren erste Belege für Feuerwaffen in den Schrift- und Bildquellen auftauchen, wobei es sich – wie die Darstellung in einer von Walter de Milemete um etwa 1326 entstandenen Handschrift zeigt – um vasenartige Kanonen handelt, mit deren Hilfe Pfeile, sogenannte Büchsenpfeile, verschossen wurden. Ein erster Einsatz einer solchen Büchse bei der Belagerung der Burg Eltz während der Eltzer Fehde (1331 bis 1336), der lange Zeit in der Literatur als erster Feuerwaffeneinsatz im deutschen Sprachraum galt, konnte derweil aber erfolgreich widerlegt werden (Abb. 42).

Für das Jahr 1346 liegt ein Beleg vor, dass der Mainzer Erzbischof einen Feuerschützen beschäftigt haben soll, und ab dieser Zeit tauchen vermehrt Belege auf, die die Verbreitung von Feuerwaffen nahelegen. Es ist nicht abschließend geklärt, ob die Entwicklung so verlief, dass zuerst kleinere »Handfeuerwaffen« konstruiert wurden und erst in der Folge auch größere Kanonen auftauchten. Einen entscheidenden Einschnitt markiert jedoch die Belagerung der Burg Tannenberg an der Bergstraße/Hessen 1399, da hier erstmals aus den Schriftquellen hervorgeht, dass eine Kanone erfolgreich bei der Belagerung und Beschießung einer Burg eingesetzt wurde und die Mauern durchschlug. Von diesem Zeitpunkt an gehören Kanonen offenbar zur üblichen Ausstattung der Belagerer – unter der Voraussetzung, dass sie entsprechend mächtig und finanzkräftig waren, denn wie schon bei den Bliden gilt auch hier, dass Kanonen teuer waren, und ihre Bedienung speziellen Experten, den Büchsenmeistern, oblag. Auch die mangelnde Mobilität dieser frühen Kanonen macht sie mit den Bliden vergleichbar: Im Falle von Tannenberg gibt es Belege darüber, welch große logistische Herausforderung es war, eine Kanone von Frankfurt auf den Berg vor der Burg zu bringen. Bezeichnend ist, dass sogar Kanonen, die im Einsatz vor der Burg beschädigt worden waren, noch vor Ort im Felde repariert wurden anstatt sie ins Zeughaus zurückzubringen und dort in Stand zu setzen (Abb. 43).

Wie groß genau die Reichweite dieser frühen Geschütze war, ist trotz diverser Versuche mit Rekonstruktionen nicht sicher geklärt. Für die Anfangszeit muss ihre Effizienz aber wohl eher kritisch betrachtet werden, und auch die Tatsache, dass manche Kanonen maximal zwei oder drei Schuss pro Tag abgeben konnten, lässt den Rückschluss zu, dass die psychologische Wirkung vielleicht sogar der wichtigste Faktor war. Nachdem zeitweilig mit immer größeren Kanonen experimentiert worden war, kann man ab der Mitte des 15. Jahrhunderts feststellen, dass die Mobilität des Belagerungstrosses zunehmend

*Abb. 43 Einnahme von Burgistein 1340.*

an Bedeutung gewinnt, wie insbesondere die Beispiele der burgundischen Herzöge und von Kurfürst Friedrich dem Siegreichen von der Pfalz zeigen. Für den Herrschaftszeitraum von Kaiser Maximilian (1486 bis 1519) gibt es Belege, dass die steinernen Kanonenkugeln nunmehr durch eiserne Kugeln abgelöst worden waren.

Die weitere Entwicklung der Feuerwaffen, ihre zunehmende Effizienz und Mobilität leiteten eine Entwicklung ein, die letztlich zum Ende der »klassischen« Burg führte und die Errichtung moderner Befestigungen einleitete. Es ist aber durchaus zu beachten, dass Burgen auch in nachmittelalterlicher Zeit grundsätzlich als Steinbauten militärisch nicht zwingend wehr- und wertlos waren. Letztlich kam es immer auf die Relation an: Gegen die großen Heere der Landesherren, die ausreichend mit moderner Artillerie ausgestattet waren, konnte sich eine kleine Burg nicht mehr verteidigen. Gegen einen Gegner, der seinerseits aber nicht die finanziellen Möglichkeiten hatte, sich mit modernen Kanonen auszustatten, konnte eine Burg immer noch aushalten.

Darüber, darunter oder hindurch – wie auch immer die Angreifer das Problem der Einnahme einer Burg lösen wollten: Letztlich zeigt sich, dass die Belagerung einer Burg immer eine sehr aufwendige, kostenintensive und durchaus auch riskante Angelegenheit war, ungeachtet der Entwicklung der Waffentechnik im Laufe der Jahrhunderte.

# 5. Feldbefestigungen, Belagerungsanlagen und Belagerungsburgen

Wenn von der Belagerung einer Burg die Rede ist, denkt man spontan an das angegriffene Bauwerk und an die Methoden, mit denen die Angreifer versuchen, diese einzunehmen. Dabei übersieht man aber, dass auch für die Angreifer ein Risiko bestand, gegen dass sie sich schützen mussten – denn wenn die Belagerten einen Ausfall wagten oder gar Entsatz herannahte, mussten die Angreifer die Möglichkeit haben, sich in ein schützendes Lager im weitesten Sinne zurückzuziehen.

Dies war insbesondere dann von Bedeutung, wenn die Angreifer Bliden oder große Kanonen zum Beschuss der Burg aufgebaut hatten, denn diese waren nicht leicht zu bewegen, und so bestand die Gefahr, dass sie zerstört werden konnten.

Eine solche schützende Befestigung der Angreifer konnte unterschiedlich aussehen, je nach Dauer der Belagerung, finanziellen Möglichkeiten und auch politischen Absichten.

Die einfachste Variante war es, die Kanonen durch hölzerne Schilde gegen direkten Beschuss zu sichern. Auch wenn diese Art der Befestigung keine Sicherheit bei der Annäherung von Entsatz bot, so war sie doch immerhin tauglich, die eigenen Kanoniere zu schützen. Diese Art der Befestigung des Lagers hatte den großen Vorteil, dass entsprechende hölzerne Schilde und Balken problemlos auf Karren mitgeführt und schnell auf- und abgebaut werden konnten. Da diese Methode praktisch keine tiefergehenden Eingriffe in den Boden voraussetzt, haben sich keine archäologisch nachweisbaren Spuren für eine derartige Befestigung erhalten. Als Beleg für dieses Vorgehen dienen allerdings viele spätmittelalterliche Darstellungen, beispielsweise in den bekannten Schweizer Bilderchroniken des 15. Jahrhunderts (Abb. 44).

Die zweite Möglichkeit bestand darin, das Lager, oder zumindest die Stellung der gefährdeten Steinschleudern und Kanonen, mit Wall und Graben zu umgeben und gegebenenfalls eine Palisade auf dem Wall zu errichten. Diese

*Abb. 44 Diessenberg ergibt sich Bern 1331.*

46

*Abb. 45 (l.) Wall und Innenfläche der Belagerungsschanze vor Burg Tannenberg bei Nentershausen, Hessen.*
*Abb. 46 (r.) Wall und Graben der Belagerungsschanze oberhalb der Kronenburg an der Bergstraße, Hessen.*

Möglichkeit dürfte die Regel dargestellt haben und kam immer dann zur Anwendung, wenn der Versuch einer schnellen Eroberung gescheitert war und mit einer längeren Dauer der Belagerung zu rechnen war. Aufgrund der Größe des Lagers beschränkte sich die Befestigung oftmals auf den Bereich der Bliden und Kanonen, und es gibt Hinweise darauf, dass es nahezu normierte Größen für derartige Schanzen gab, alternativ für eine oder für zwei Bliden. Die Reste solcher Befestigungen finden sich in der Umgebung von vielen Burgen, meistens auf einem Hang, der sie überhöht, oder auf einem benachbarten Hügel; einige Beispiele werden im 6. Kapitel vorgestellt. Bei den meisten von diesen Anlagen handelt es sich heute um ein von einem verschliffenen Wall und abgeflachten Graben umgebenes Rechteck, dessen Innenfläche zu einer Ebene planiert wurde (Abb. 45 u. 46).

Solche Belagerungsschanzen werden in der Literatur oftmals als »Belagerungsburgen« bezeichnet, was aber nicht korrekt ist: Da die Schanzen widerrechtlich auf fremdem Grund und Boden, in der Regel demjenigen des Angegriffenen, erbaut wurden, mussten sie nach dem Ende der Belagerung grundsätzlich niedergelegt werden, um den vorigen Zustand wiederherzustellen.

Es gibt nur ganz wenige Ausnahmen, für die überliefert ist, dass der Angreifer seine Belagerungsschanze wirklich auch im rechtlichen Sinne als »Burg« betrachtet hat und letztlich auch auf ihrem Fortbestand bestanden hat bzw. zumindest bestehen wollte. Zwei Beispiele dafür werden weiter unten behandelt, nämlich die Belagerungen von Burg Eltz und von Burg Rheinberg im Wispertal. Dies erklärt auch, weshalb im Falle der Blideneck Schanze offensichtlich steinerne Mauern errichtet wurden, die noch in geringen Resten existieren, und im Falle der Burg Trutzeltz oberhalb von Burg Eltz sogar ein vollständiger Wohnturm errichtet wurde. Im Falle von Trutzeltz benutzte der Angreifer, der Trierer Erzbischof Balduin von

*Abb. 47 (o.) Heidelberg. Geschützstellung der Belagerer aus dem Dreißigjährigen Krieg südlich der Stadt oberhalb des Vorwerks Trutz-Bayer.*
*Abb. 48 (u.) Heidelberg. Lager der Angreifer im Jahre 1622 unter Tilly oberhalb der Stadt.*

Luxemburg, die Belagerungsburg sogar dazu, die unterlegenen Herren von Eltz rechtlich an sich zu binden: Diese mussten ihm zusichern, dass sie die Burg Trutzeltz, mit der keinerlei Einkünfte verbunden waren, von ihm zu Lehen genommen hatten (d. h., dass sie Trierer Eigentum war), und sie mussten sich verpflichten, die gegen ihre eigene Burg gerichtete Belagerungsburg in gutem baulichem Zustand zu halten.

Manche der hier beschriebenen Schanzen stand in Verbindung mit weiteren Belagerungsanlagen, so dass erst der gesamte Komplex ein Bild von der Belagerung bietet: Im Fall von Altwindstein im Elsass sind es Minenstollen, bei ebenfalls im Elsass gelegenen Burg Löwenstein ein Angriffsgraben, der direkt vom Lager zur angegriffenen Burg führt. Ähnliche Relikte finden sich auch in der Nähe von Heidelberg/Baden-Württemberg, wo im Dreißigjährigen Krieg viele Belagerungsschanzen rund um die Stadt errichtet wurden und von einer dieser Schanzen ein in den Sandstein eingetiefter, in Zick-Zack-Linien verlaufender Angriffsgraben, durch den die Angreifer sich vor dem Sturmangriff geschützt annähern konnten, mehr als 200 m weit auf das Vorwerk Trutz-Bayer zuführt (Abb. 47 u. 58).

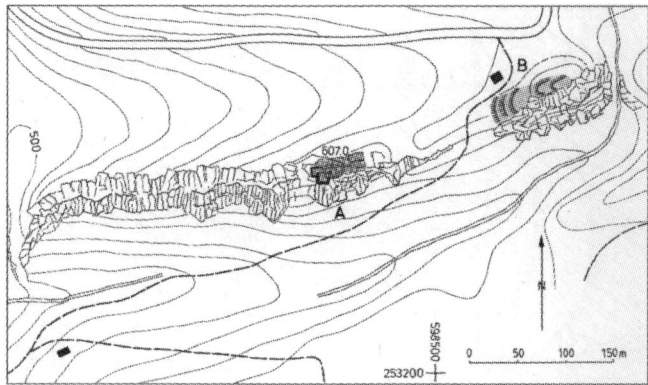

*Abb. 49 (o.) Burg Blauenstein, Schweiz. A Burgareal, B Stützpunkt der Belagerer.*
*Abb. 50 (u.) Burg Fürstenstein, Schweiz. A Burgareal, B Belagerungswall, C mutmaßliche Standplätze der Belagerer.*

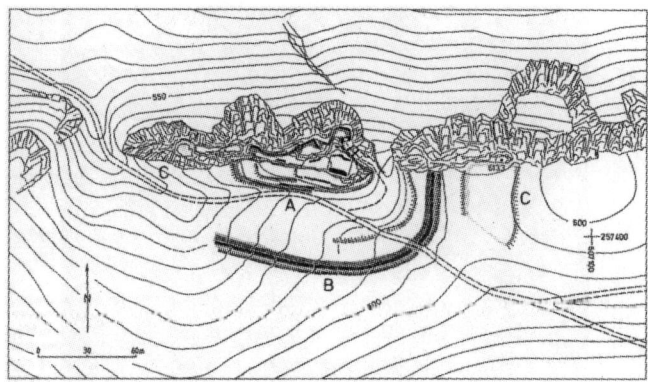

In anderen Fällen, wie zum Beispiel der Harlyburg/Niedersachsen, gibt es mehrere Schanzen, die teilweise sogar durch einen Wall miteinander verbunden sind. Manchmal hat man auch versucht, mit einer Kombination aus Schanzen und bereits existierenden Burgen einen weiten Ring um die angegriffene Burg zu ziehen, so dass diese zwar nicht von der Außenwelt abgeschnitten war, aber alle zu ihr führenden Wege kontrolliert oder überblickt werden konnten, so dass ihre Versorgung und das Betreten und Verlassen der Burg zumindest grundsätzlich ein Risiko für die Verteidiger darstellte (Abb. 49 u. 50).

Als Beispiel für ein solches Vorgehen wird die Belagerung von Schloss Dhaun im Hunsrück/Rheinland-Pfalz vorgestellt.

# 6. Ausgewählte Belagerungen (in chronologischer Reihenfolge)

Im Folgenden, aufbauend auf den vorangegangenen Kapiteln, sollen insgesamt 23 Anlagen – in der Hauptsache Burgen – und ihre Belagerungen vorgestellt werden. Die Anordnung verläuft chronologisch.

## Limburg an der Haardt

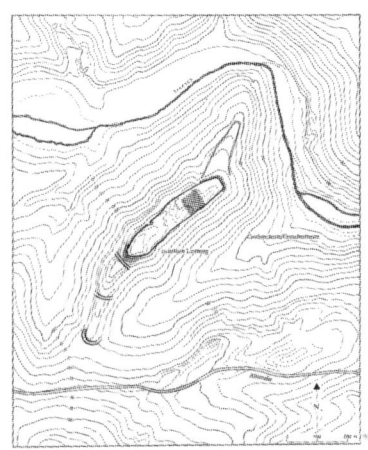

Das Kloster Limburg an der Haardt befindet sich auf einem großflächigen Bergsporn oberhalb des gleichnamigen Stadtteils von Bad Dürkheim/Rheinland-Pfalz (Abb. 51 u. 52). An der Stelle des heutigen Klosters befand sich ursprünglich eine Burg der Salier, des Herzogsgeschlechts, welches von 1024 bis 1125 die deutschen Könige stellte. Nachdem die genaue Lage und das Aussehen der salischen Burg lange unklar waren, wurde vor wenigen Jahren der Rest eines vermeintlichen Wohnturmes im Bereich der Klosterkirche entdeckt.

Etwa zeitgleich mit der Erbauung des nahe gelegenen Speyerer Domes wurde die Burg vor 1032, wahrscheinlich bereits kurz nach 1025 niedergelegt und auf dem Berg eine weitläufige Klosteranlage errichtet, die ebenfalls von einer äußeren Mauer umgeben war, welche teilweise auf den Resten einer vor- und frühgeschichtlichen Befestigung zu ruhen scheint. Diese Befestigung des Klos-

*Abb. 51 (o.) Grundriss des Klosters Limburg an der Haardt.*
*Abb. 52 (u.) Kloster Limburg an der Haardt, Ansicht der Klosterkirche von Osten.*

ters war aber im frühen 12. Jahrhundert offenbar mehr als ausreichend: Im Rahmen der Auseinandersetzung zwischen staufischen und antistaufischen Parteigängern belagerten Truppen von Lothar von Süpplingenburg und dem Mainzer Erzbischof Adalbert I. das Kloster Limburg drei Wochen lang, bevor sie schließlich erfolglos abziehen mussten, da Herzog Friedrich II. von Schwaben mit einem Entsatzheer nahte.

Glaubt man der Schilderung in dem Bericht des Bischofs Otto von Freising über die Taten Friedrichs I., dann waren die Belagerten allerdings kurz davor aufzugeben, da sie durch die Belagerung Hunger litten. Während die Eingeschlossenen noch diskutierten, habe einer von ihnen – Udalrich von Horningen – die Ansicht geäußert, es sei besser, die fetten Mönche des Klosters zu verspeisen als die Anlage wegen Mangels an Lebensmitteln zu übergeben. Als den Mönchen diese Überlegungen bekannt wurden, schafften sie alle Lebensmittel heran, die sie zuvor vor den Soldaten verborgen gehalten hatten, so dass diese weiter durchhalten konnten, bis der Entsatz durch Herzog Friedrich nahte.

## Domimmunität Köln

Auch wenn es sich bei der Domimmunität in Köln (Abb. 53 u. 54), dem befestigten Bereich rund um den mittelalterlichen Dom, streng genommen nicht um eine Burg handelt, bietet deren Belagerung im Jahre 1074 doch interessante Details: Die Stadtmauer des antiken Köln, Colonia Claudia Ara Agrippinensium, ist noch heute auf weite Strecken sichtbar und stammt vermutlich aus dem ersten nachchristlichen Jahrhundert. Sie wurde jedoch bis ins hohe Mittelalter und teilweise noch darüber hinaus erhalten und genutzt. Der Bereich des heutigen Doms, die erwähnte Domimmunität, war aufgrund der andauernden Spannungen zwischen Stadt und Erzbischof zusätzlich durch einen eigenen Mauerring von der Stadt getrennt. Weil der Dom aber in einer Ecke der antiken Stadt liegt, konnte hierfür an den Außenseiten die antike Stadtmauer weiter genutzt werden.

Der Chronist Lampert von Hersfeld berichtet, dass es im Jahr 1074 zu einem Aufstand der Kölner Bürger gegen Erzbischof Anno kam, und dass dieser in der Domimmunität belagert wurde. Doch dem Erzbischof gelang die Flucht, angeblich durch eine nur wenige Tage zuvor in einem an der Stadtmauer gelegenen Haus errichtete »Tür« – diese war nach Lampert von Hersfeld durch die Stadtmauer hindurchgebrochen worden.

*Abb. 53 Köln, Domimmunität. Überreste des Annostollens in der Tiefgarage am Dom.*

51

DOMKLOSTER-GRABUNG-KÖLN-1949
*Römermauer mit Annostollen, von Norden.*

*Abb. 54 Köln, Domimmunität. Plan des Annostollens.*

Im Rahmen der Erbauung der Domtiefgarage entdeckte man 1949 in der Nähe des Nordtores, unterhalb der heutigen Domplatte, auf der Feldseite der antiken Stadtmauer einen aus Bruchsteinen gemauerten Schacht. Dieser führte von einem Einstieg auf der Innenseite der ehemaligen Domimmunität unter dem Fundament der antiken Mauer hindurch nach außen »in die Freiheit«. Dieser Schacht ist noch heute in der Domtiefgarage zu sehen, und mit einiger Wahrscheinlichkeit handelt es sich hierbei um die von Lampert von Hersfeld erwähnte »Tür« – ein kurzer Tunnel, der aufgrund der dauerhaften Spannungen zwischen Stadt und Erzbischof vorbereitet gewesen sein dürfte und durch den Erzbischof Anno vor den Kölner Bürgern flüchten konnte.

# Burg Desenberg

Die Burg Desenberg (Abb. 55) in der Nähe von Warburg/Nordrhein-Westfalen wird erstmals anlässlich einer Belagerung im Jahre 1070 in den Schriftquellen erwähnt. Die Burg befindet sich auf der Spitze eines vulkanischen Bergkegels, der sich aus dem flachen Umland der Warburger Börde erhebt.

*Abb. 55 Burg Desenberg.*

Im Jahre 1168 nahm der Besitzer der Burg, Widukind von Schwalenberg, an einer Rebellion gegen Herzog Heinrich den Löwen teil, der daraufhin die Burg belagern ließ. Der zeitgenössische Chronist Helmold von Bosau berichtet von den Ereignissen dieser Belagerung: Da es den Belagerern nicht möglich war, die auf der Bergkuppe liegende Burg im Sturm zu nehmen oder mit Belagerungsgerät anzugreifen, ließ Heinrich der Löwe Bergarbeiter vom Rammelsberg kommen, einer Bergbaugegend bei Goslar, die Heinrich im Rahmen der Goslarer Reichsvogtei gehörte. Diese Bergarbeiter gruben einen Stollen am Fuße des Desenberges und suchten nach dem Burgbrunnen. Nachdem sie diesen gefunden hatten, blockierten sie ihn, so dass Wedekind aufgeben und die Burg übergeben musste.

Leider gibt es keinen archäologischen Nachweis für diesen Stollen, und es wird auch nicht klar, wie man die Brunnenröhre im Berg gefunden haben soll, doch weitere Nachrichten außer der Chronik Helmolds von Bosau besitzen wir über diese Belagerung nicht.

# Quintinberg

In den letzten Jahren des 12. Jahrhunderts kam es zu einer Fehde zwischen Erzbischof Johann I. von Trier und dem Grafen von Vianden: Der Graf hatte bei Quint, nahe dem heutigen Schweich/Rheinland-Pfalz, also in unmittelbarer Nähe der Bischofsstadt Trier selber, eine Befestigung errichtet, um dem Trierer Erzbischof seine Macht zu demonstrieren (Abb. 56 u. 57). Erzbischof Johann jedoch reagierte mit einer Belagerung der Burg des Viandeners und errichtete in deren unmittelbarer Nähe eine Befestigung. Über diese Belagerung berichten die *Gesta Treverorum*, eine zeitgenössische Trierer Chronik, Folgendes: Der Graf von Vianden hatte vor einigen Jahren nicht weit von der Stadt entfernt, d. h. Trier, bei Quintinberg eine Burg errichtet. Johann aber sammelte ein Heer, belagerte diese Burg und errichtete auf einem benachbarten Berg eine Burg, um die Belagerung fortzuführen. Nach ein paar Tagen ließ ein Wirt guten Wein an die Belagerten ausschenken, durch den die Soldaten des Grafen betrunken wurden. Daraufhin nahmen die Anhänger des Erzbischofs die belagerte Burg ein und brannten sie anschließend nieder.

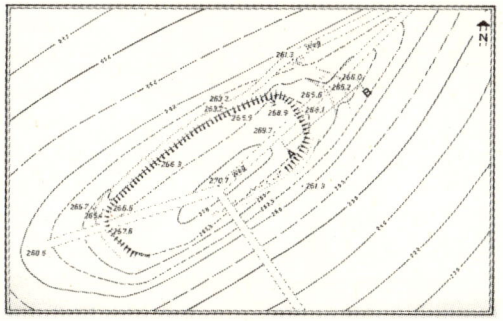

Abb. 56 (o.) *Quintinberg, Plan der vermutlichen Burg des Grafen von Vianden.*
Abb. 57 (u.) *Quintinberg, Plan der vermutlichen Belagerungsburg.*

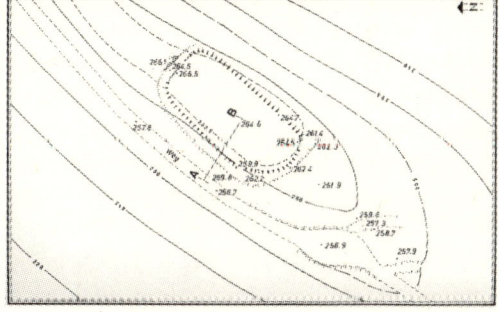

Im Anschluss an die Belagerung ließ der Trierer Erzbischof aber nicht nur die Burg des Grafen von Vianden zerstören, sondern er ließ auch seine eigene (Belagerungs-)Burg niederlegen. Offensichtlich war er sich sicher, dass nach diesem Erfolg niemand mehr auf die Idee

53

kommen würde, diesen Berg nahe seiner Bischofstadt für die Errichtung einer Burg zu nutzen. Die Zerstörung geschah offenbar so gründlich, dass von beiden Anlagen heute nur noch magere Wall- und Grabenreste im Wald nahe Schweich zu sehen sind, die nicht einmal mehr eine sichere Identifikation zulassen, welche der beiden Anlagen die belagerte Burg und welche die Belagerungsburg war.

# Harlyburg

*Abb. 58 Plan der Harlyburg und der Belagerungswerke.*

Die Harlyburg (Abb. 58) liegt nördlich von Vienenburg im Landkreis Goslar/Niedersachsen, auf einer Bergkuppe des Harlyberges nördlich des Harzes. Die 1291 vollständig zerstörte Burg hat eine Ausdehnung von etwa 200 auf 400 m und war daher allein aufgrund ihrer Größe eine beeindruckende Burganlage.

Errichtet wurde die Burg im Winter 1203/04 im Rahmen des Streits um den deutschen Königsthron zwischen Welfen und Staufern. Da Otto IV. das stauferfreundliche Goslar nicht einnehmen konnte und sich mit der Harzburg eine weitere bedeutende Burg in der Nähe befand, errichtete er widerrechtlich auf Klostergrund die Harlyburg, die zu einem seiner bevorzugten Aufenthaltsorte wurde. Seine Erben entschädigten 1220 den Grundeigentümer, so dass die Burg endgültig in den Besitz des Welfenhauses überging. 1279 ergriff Herzog Heinrich Mirabilis gegen den Willen seiner Brüder Besitz von der Burg und führte von dort aus eine Vielzahl an Fehden. Daher beschlossen seine Gegner 1290 im Rahmen des Landfriedens, gegen die Harlyburg vorzugehen, woran sich viele benachbarte Fürsten und Städte beteiligten. Die Belagerung dauerte insgesamt vier Monate, bis die Harlyburg am 17. August 1291 erobert werden konnte und nach einem Gerichtsbeschluss abgebrochen wurde. Die Burg wurde niemals wieder aufgebaut, so dass heute nur noch beeindruckende Wall- und Grabenreste vorhanden sind.

Über die Belagerung sind keine weiteren Details bekannt, außer, dass die Angreifer verschiedene Steinschleudern, Rammböcke und Ähnliches benutzten, und dass sie »5 nige slote«, also fünf Belagerungsburgen, errichteten. Von diesen fünf Belagerungsschanzen kann man noch heute drei im Gelände rund um die Harlyburg erkennen: Die Harlyburg selber befindet sich auf dem Gipfel des Berges, und der in West-Ost-Richtung langgestreckten Kernburg sind im Norden zwei Vorburgen vorgelagert. Etwa 350 m im Nordwesten der Kernanlage befindet sich die erste Belagerungsschanze, ein rundliches Plateau von etwa 20 x 20 m Ausdehnung, welches von einem Doppelgraben umgeben ist. 200 m im Nordosten der Kernburg befindet sich die zweite Schanze, ein Oval von etwa 50 x 30 m Ausdehnung. Bemerkenswert ist, dass sich diese Schanze, etwa 20 m niedriger gelegen als die Kernburg, auf der burgabgewandten Seite einer kleinen Geländerippe sozusagen »in Deckung« befindet und mithin von der Burg nur schwer eingesehen werden konnte. Zwischen den beiden Schanzen, ausgehend von der im Nordosten, verläuft noch ein etwa 200 m langer Schanzgraben. Eine dritte Belagerungsschanze, welche sich weiter im Nordosten, von der Harlyburg aus gesehen praktisch hinter der zweiten Schanze, befindet, wurde beim Autobahnbau größtenteils zerstört, ist in alten Geländeaufnahme aber als »Winkelschanze« noch eingezeichnet.

# Hohenlimburg und Raffenburg

Die Hohenlimburg thront auf dem Schleipenberg, der den Hagener Stadtteil Hohenlimburg/Nordrhein-Westfalen überragt. Im Vorfeld dieser Burg, etwa 400 m von dieser entfernt und leicht überhöht weiter oben auf dem Bergsporn sitzend, befindet sich die Wallanlage der »Sieben Gräben«, bei der es sich eventuell um eine Belagerungsschanze handeln könnte, die gegen die Hohenlimburg gerichtet war (Abb. 59).

Schon die Gründung der im Laufe der Jahrhunderte schlossartig umgebauten Burganlage wird durch Schriftquellen anschaulich geschildert: In der Chronik der Grafen von der Mark des Levold von Northof berichtet dieser für die Zeit um 1230/32 über die Taten des Herzogs Heinrich von Limburg:

*So brachte er ein großes Heer zusammen und erbaute oberhalb der Lenne ein Schloß, das er nach seiner eigenen Burg Limburg benannte. Der Herzog soll dort so viele Ritter bei sich gehabt haben, wie der Palisadenzaun Planken besaß, mit denen die Burg geschützt wurde.*

Nachdem die Streitigkeiten, die zur Gründung der Hohenlimburg geführt hatten, im Jahre 1243 bei-

Abb. 59 *Schloss Hohenlimburg.*

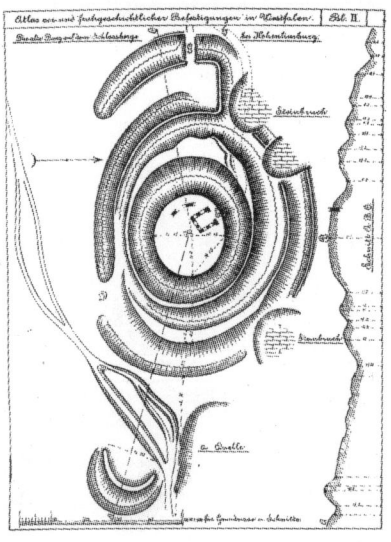

gelegt waren, taucht in den Quellen die Bezeichnung »novum castrum Lymborgh« auf, also die »neue Burg Limburg« (Abb. 60–62).

Aus diesem Grunde vermuten manche Forscher, dass die Wallanlage »Sieben Gräben« die ursprüngliche Limburg war, und dass die heutige Hohenlimburg erst zehn Jahre später an der Spornspitze errichtet wurde, wo sie sich noch heute befindet.

Es ist jedoch ebenfalls möglich, dass die »Sieben Gräben« eine Belagerungsanlage aus dem Jahre 1288 sind, als Graf Eberhard von der Mark im Rahmen des Limburger Erbfolgestreits auch die Hohenlimburg erobert haben soll.

Im Zusammenhang mit dieser Fehde war nämlich auch die auf einem benachbarten Berg gelegene Raffenburg betroffen, eine 1275 erstmals urkundlich erwähnte Burg der Erzbischöfe von Köln: Diese wurde, wie die Quellen berichten, von Graf Eberhard von der Mark nach einer aufwendigen Belagerung im Jahre 1288 eingenommen, dann zerstört und vermutlich niemals wieder aufgebaut, auch wenn Keramikfunde auf eine begrenzte Nutzung noch nach 1300 hindeuten. Auf einem der Raffenburg benachbarten Hang, in Sichtweite der Hohenlimburg, finden sich die heute durch eng gepflanzte Tannenbäume über-

*Abb. 60 (o.) Hohenlimburg. Graben und Plateau der Franzosenschanze.*
*Abb. 61 (m.) Hohenlimburg. Keller eines Gebäudes der Raffenburg.*
*Abb. 62 (u.) Plan der Anlage »Sieben Gräben« von 1920.*

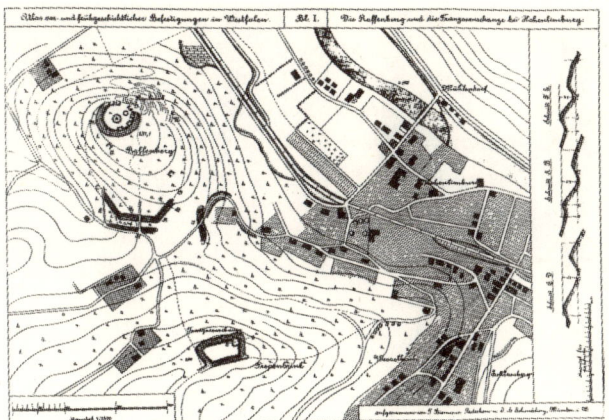
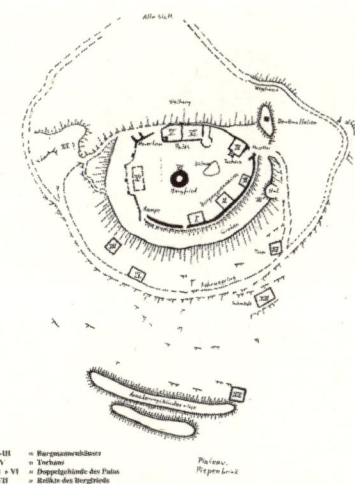

*Abb. 63 (l.) Lageplan der Raffenburg im Nordwesten und der Franzosenschanze im Süden aus dem Jahre 1920.*
*Abb. 64 (r.) Planskizze der Raffenburg.*

wachsenen und kaum mehr erkennbaren Reste einer noch vor wenigen Jahren gut sichtbaren Schanze, der Franzosenschanze. Dabei handelt es sich um eine trapezförmige Anlage von etwa 100 x 50 m Ausdehnung, die von einem noch heute bis zu 2,50 m tiefen Graben umschlossen wird. Auch wenn es keine schriftlichen Hinweise für die Nutzung der Franzosenschanze gibt, so muss sie doch in Zusammenhang mit der Belagerung der Raffenburg von 1288 stehen, da sie nahezu ideal zum Beschuss derselben liegt (Abb. 63 u. 64).

Diese beiden nahe beieinanderliegenden Beispiele zeigen exemplarisch das Problem auf, wie sehr man in Ermangelung von schriftlichen Quellen auf die Archäologie und kritische Überlegungen angewiesen ist. Manchmal ist es aber trotz aller Mühe und Sorgfalt nicht möglich, die in der Landschaft vorhandenen Reste mittelalterlicher Bauwerke sicher zu interpretieren.

# Burg Thurant

Burg Thurant liegt auf einem schmalen Felsgrat oberhalb der Mosel bei Alken, etwa 20 km stromaufwärts von Koblenz/Rheinland-Pfalz (Abb. 65–69). Die Burg wurde um 1200 von den Pfalzgrafen gegründet und nach der Burg Toron im heutigen Libanon benannt – eine Burg, die den Pfalzgrafen auf einem Kreuzzug ins Heilige Land nachhaltig beeindruckt hatte, weil sie von den Kreuzfahrern nicht eingenommen werden konnte.

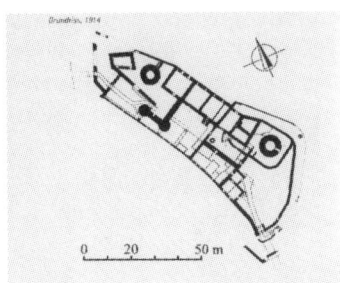

*Abb. 65 (l.) Plan der Burg Thurant.*
*Abb. 66 (m.) Werbemarke mit Burg Thurant.*
*Abb. 67 (r.) Burg Thurant von Norden.*
*Abb. 68 (u. l.) Die Wallfahrtskapelle auf dem Bleidenberg in der Nähe der Belagerungsstellung (l.) und Burg Thurant (r.).*
*Abb. 69 (u. r.) Burg Thurant vom Bleidenberg aus gesehen. Der Pfeil bezeichnet die Lage des »Roten Turmes«.*

Burg Thurant war für die Pfalzgrafen von großer Bedeutung, denn nachdem sich ihr Herrschaftsschwerpunkt aus der Eifel immer weiter nach Süden in den Bereich von Bacharach am Mittelrhein verlagerte, war Thurant ihr letzter Stützpunkt an der Mosel. Damit gerieten die Pfalzgrafen aber in Interessenskonflikte mit dem Erzbischof von Köln, dessen Einfluss in der Eifel und am Mittelrhein sehr stark war, und insbesondere auch mit dem Erzbischof von Trier: Die beiden wichtigsten Städte des Letzteren, Koblenz und Trier, wurden schließlich durch die Mosel als bequemsten Verkehrsweg verbunden.

Daher kam es schon 1216 zu einer ersten Belagerung von Burg Thurant, von der allerdings keine Details bekannt sind, außer dass der Kölner Erzbischof die Burg einnehmen konnte. 1230 musste der Erzbischof auf Vermittlung des Kaisers die Burg an den Pfalzgrafen zurückgeben, doch einen Turm, den er im Vorfeld der Burg errichtet hatte, konnte er behalten – dieser wurde erst 1236 von den Männern des Pfalzgrafen durch eine List eingenommen.

Wenige Jahre später drangsalierte der pfalzgräfliche Vogt Zurno von Burg Thurant aus die umliegenden Ortschaften, so dass die Erzbischöfe von Köln und Trier diese Gelegenheit nutzten, um Burg Thurant erneut zu belagern. Eine Urkunde des Kölner Erzbischofs vom Juli 1247 wurde »im Lager auf dem Bleidenberg« ausgestellt, einem Berg, dessen Plateau etwa 500 m von Burg Thurant entfernt liegt und diese um etwa 60 m überhöht. Dieser »Bleidenberg« hat seinen Namen von den dort aufgebauten Bliden, großen Steinschleudern, die mittels Gegengewichten von dort die Burg Thurant beschossen. Das Lager der Angreifer muss relativ groß gewesen sein – nicht nur, weil der Kölner Erzbischof dort Urkunden ausgestellt hat, also entsprechende Unterkünfte zur Verfügung gestanden haben müssen, sondern auch, weil archäologische Untersuchungen der vergangenen Jahre unter anderem Hausgrundrisse und ein 12 m langes Stück Ringmauer aufgedeckt haben. Zusätzlich fanden sich große Mengen von Scherben, die von Trinkgefäßen herrühren – vielleicht ein Hinweis darauf, dass die schriftlichen Quellen die Wahrheit berichten, wenn sie behaupten, dass bei der Belagerung mehr als 3 000 Fuder Wein von den Belagerern getrunken worden sein sollen.

Letztlich war der Beschuss der Burg durch die Bliden aber nicht entscheidend, sondern Zurno gab im September 1248 auf, als ein letzter Entsatzversuch der Pfalzgräflichen gescheitert war. Danach teilten sich die beiden Erzbischöfe von Köln und Trier den Besitz der Burg, die im 17. Jahrhundert verfiel.

Wie die Burg Thurant zum Zeitpunkt der Belagerung aussah, ist nicht bekannt; heute ist die Burg sehr stark durch romantische Ausbauten des frühen 20. Jahrhunderts geprägt. Ihre beiden runden Bergfriede werden heute jedoch als »Kölner Turm« und »Trierer Turm« bezeichnet, und in der Literatur ist immer wieder von einer Trennmauer innerhalb der Burg die Rede, die aber leider nicht genau verortet werden kann.

# Burg Rheinberg/Wispertal

Die ausgedehnten Reste der Burg Rheinberg befinden sich auf dem südlichen Ende eines Bergsporns, der etwas vom Wispertal in der Nähe von Lorch/Rheinland-Pfalz, zurückversetzt ist (Abb. 70–75). Die Anlage beeindruckt noch heute durch die gewaltige Ausdehnung in nord-südlicher Richtung, da der Hauptburg neben einer langen Vorburg noch Reste mehrerer bearbeiteter Plateaus vorgelagert sind, auf denen sich allerdings keine Mauerreste mehr befinden. Überhaupt stammen die meisten der heute noch erhaltenen Bauteile vermutlich

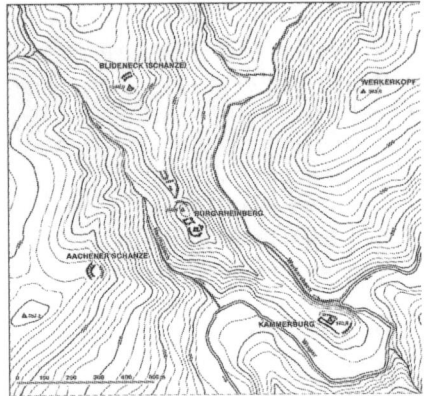

erst aus der Zeit nach den hier beschriebenen Belagerungen, so dass außer der Lage an der Spornspitze wenig bis gar nichts Sicheres über das Aussehen der Burg Rheinberg zum Zeitpunkt der Belagerungen gesagt werden kann.

Der genaue Zeitraum der Erbauung der 1189/90 erstmals schriftlich erwähnten Burg ist unbekannt, dürfte wohl aber innerhalb des 12. Jahrhunderts anzusetzen sein. Vermutlich wurde sie im Rahmen der Erschließung des Rheingaus durch die Erzbischöfe von Mainz errichtet. Es bleibt leider unklar, weshalb an genau dieser Position eine derart große und später so heftig umkämpfte Burg entstanden ist. Man kann nur vermuten, dass ein Zusammenhang mit dem die Territorialgrenze schützenden, in der Nähe verlaufenden Rheingauer Gebück, welches allerdings in der bekannten Form erst später errichtet worden ist, und einem von Mainz nach Koblenz führenden Verkehrsweg besteht. Ab 1215 verwalteten die jüngeren Rheingrafen auf der Burg die Interessen des Reiches, gemeinsam mit den Truchsessen, die sich nach der Burg benannten. Im Rahmen der sogenannten Sponheimer Fehde unterstützte Rheingraf Siegfried II. vom Stein die Sponheimer gegen den Mainzer Erzbischof Werner von Eppstein und scheint versucht zu haben, dem Erzbistum die Burg Rheinberg zu entfremden. Dies führte folgerichtig 1279 zur Belagerung der Burg durch den Mainzer Erzbischof.

*Abb. 70 (o.) Plan von Burg Rheinberg und Umgebung.*
*Abb. 71 (m.) Fernansicht der Burg Rheinberg aus dem Wispertal unterhalb der Kammerburg.*
*Abb. 72 (u.) Bergfried der Burg Rheinberg.*

*Abb. 73 (o.) Ansicht der Blidenecker Schanze von der Angriffsseite aus.*
*Abb. 74 (m.) Außenwall und Graben der Aachener Schanze.*
*Abb. 75 (u.) Ansicht der Aachener Schanze von der Angriffsseite aus.*

Die Belagerung zog sich offensichtlich über einen längeren Zeitraum hin, doch nennen uns die Schriftquellen leider keine Details. In Hinblick auf Burg Rheinberg wird aber erwähnt, dass diese nach dem Ende der Belagerung zerstört wurde – was durch die Tatsache, dass sich praktisch keine bauliche Substanz aus der Zeit vor der Belagerung mehr findet, an Wahrscheinlichkeit gewinnt. Allerdings sind zwei Urkunden des Mainzer Erzbischofs überliefert, die einen interessanten Einblick gewähren: Am 23. Juli und am 13. August 1280 nahm der Erzbischof den Grafen Adolf von Nassau und Emmerich von Heppenheft als Burgmannen auf »Blideneck« auf.

Bei »Blideneck«, auch Blidenecker Schanze genannt, handelt es sich um eine Belagerungsanlage aus einem etwa ovalen Plateau von ca. 40 x 25 m Ausdehnung, welches auf der zur Burg Rheinberg hin gelegenen Seite noch spärliche Reste einer Mauer aufweist. Diesem ist im Norden, auf der Rheinberg abgewandten Seite eine tiefer gelegene »Vorburg« vorgelagert, die von einem in den anstehenden Fels eingetieften Halsgraben geschützt wird. Diese Anlage befindet sich gut 70 m höher als Burg Rheinberg und von dieser knapp 500 m entfernt; sie dürfte dazu gedient haben, den westlich unterhalb am Hang verlaufenden Zuweg zu Burg Rheinberg zu kontrollieren. Nicht nur der Name Blideneck, der sich vermutlich von einer Blide, also einem Wurfgeschütz ableitet, deutet auf die Nutzung als Standort einer Blide hin, sondern auch dort gefundene Sandsteinsplitter, die vom Zurechthauen der Geschosskugeln herrühren dürften und ihre Entsprechung auf der

Aachener Schanze und im Bereich der Burg Rheinberg haben. Aufgrund der Topographie der Anlage kann vermutet werden, dass die Blide im Bereich der »Vorburg« aufgestellt war und nicht auf dem eigentlichen »Hauptburg«-Felsen.

Wegen der Aufnahme der beiden Burgmannen auf Blideneck ist jedenfalls klar, dass diese während der Belagerung von 1279/80 erbaut wurde, worauf auch Keramikfunde hindeuten, und – eine Besonderheit – dass der Mainzer Erzbischof diese Anlage nicht nur als nur während der Belagerung zu nutzende, temporäre Schanze ansah, sondern sie rechtlich gesehen als Burg betrachtete.

Eine zweite Belagerungsanlage, die sogenannte Aachener Schanze, befindet sich auf einem westlich der Burg Rheinberg gelegenen Sporn, der von dieser durch das Tal des Hermsbaches getrennt ist. Aufgrund ihrer Position kann die Funktion der Wegsperrung ausgeschlossen werden, so dass auch hier mit dem Standort einer Blide gerechnet werden muss, da die Geländesituation für die Errichtung eines Blidenstandorts prädestiniert ist. Die Schanze befindet sich auf dem nordöstlichen Ende eines sich von Südwest nach Nordost ziehenden Höhenrückens, der zur Burg hin steil zum dazwischenliegenden Hermsbachtal abfällt. Im Nord- und im Südwesten wurde zum Schutz der Schanze ein bis zu 7 m breiter Graben in den anstehenden Schiefer getrieben, der heute noch bis zu 2 m tief ist und zu den Seiten in den Hang ausläuft. Die Innenfläche der Schanze mit einer Ausdehnung von etwa 21 x 15 m liegt etwas höher als der Außenbereich und weist im Südosten ein etwa 1,5 m niedriger liegendes Rechteck von etwa 6 x 11 m Größe auf – eventuell der Standort einer Blide. Dafür spricht, dass dieses Rechteck offensichtlich auf die Burg Rheinberg hin ausgerichtet ist und insbesondere dort eine Vielzahl von Splittern aus rotem Sandstein gefunden wurden, die vermutlich vom Zuhauen der Geschosskugeln vor Ort stammen. Die auf der Aachener Schanze gemachten archäologischen Funde deuten ebenfalls auf eine Nutzung in der Zeit der Belagerung von 1279/80 hin, auch wenn diese nicht in den Schriftquellen auftaucht und auch die Herkunft des Namens »Aachener Schanze« ungeklärt ist.

Da die Burg Rheinberg im Jahre 1301 erneut belagert wurde und über diese Kämpfe keine Details bekannt sind, kann es natürlich nicht ausgeschlossen werden, dass die Aachener Schanze erst zu diesem Zeitpunkt errichtet wurde, und die Blidenecker Schanze eventuell erneut genutzt wurde. Dennoch sprechen die bekannten Argumente eher für eine Errichtung beider Anlagen im Rahmen der offensichtlich mit großem Aufwand unternommenen Belagerung der Jahre 1279/80 und stellen ein beeindruckendes Ensemble dar, welches seinesgleichen sucht.

# Burg Zug

Die Burg Zug, im gleichnamigen Kanton in der Schweiz gelegen, wurde vermutlich im frühen 13. Jahrhundert zu einer Turmburg ausgebaut (Abb. 76 u. 77).

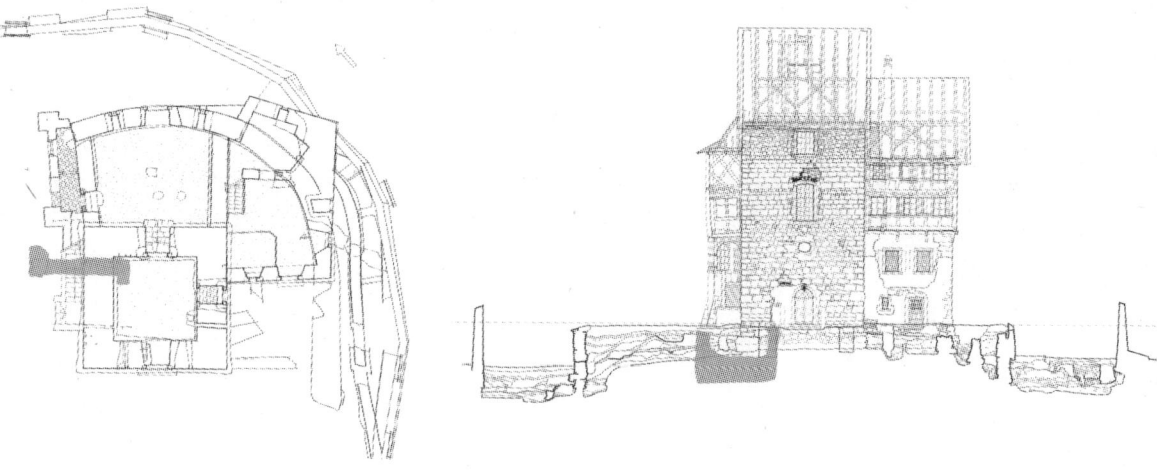

*Abb. 76 (l.) Burg Zug, Grundriss, grau unterlegt der Angriffstollen.*
*Abb. 77 (r.) Burg Zug, Südfassade, grau unterlegt der Angriffstollen.*

Während einer zweiwöchigen Belagerung der Stadt Zug im Jahre 1352 durch eidgenössische Truppen wurde wahrscheinlich auch die – seinerzeit noch vor den Mauern der Stadt gelegene – Burg gesondert belagert. Auch wenn keine Schriftquellen über die Belagerung der Burg berichten, so deuten doch Brandrötungen des Mauerwerks und ein dendrochronologisch auf das Jahr 1355 datierter Wiederaufbau auf Kampfhandlungen und eine mögliche (teilweise) Zerstörung hin.

Doch die Burg weist einen weiteren interessanten archäologischen Befund auf: Bei Ausgrabungen im Jahre 1979 wurde ein etwa 7 m langer Angriffstollen mit etwa 1 m Breite und 1,80 m Höhe entdeckt, der aus dem Hof der Burg hinaus unter dem Fundament des Wohnturmes hindurch und in einer Ecke desselben wieder nach oben führte. Die Holznegative belegen, dass es sich um einen professionell errichteten Tunnel handelt, da sowohl die Fundamente des Turmes fachmännisch abgestützt wurden als auch zur Überwindung der Höhendifferenz von 4 m zum Erreichen des Turminneren in 1,30 m Höhe ein Arbeitspodest errichtet wurde.

Ob die Besatzung des Turmes nun ausgeräuchert wurde oder wie auch immer das konkrete Ende der Belagerung ausgesehen haben mag: Die Burg Zug wurde jedenfalls in Teilen zerstört, und die Zuflucht der Verteidiger im Wohnturm kann nicht gar zu lange angedauert haben, wenn man die Gesamtdauer der Belagerung von 14 Tagen zugrunde legt, wobei aller dings der Bau eines solch professionell wirkenden Tunnels durchaus einige Tage in Anspruch genommen haben muss.

# Burg Hohenstein/Elsass

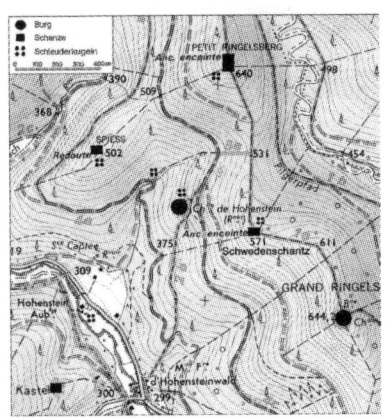

Die Burg Hohenstein liegt im Haseltal, ca. 15 km südlich von Saverne im Elsass und ca. 20 km westlich von Straßburg (Abb. 78–82). Sie wurde 3,5 km nordwestlich von der Abtei Haslach, auf einem aus Vulkanstein bestehenden Fels erbaut, der am Westhang des Groß-Ringelsbergs emporragt. Die Gegend ist reich an historischen Anlagen, so befinden sich in unmittelbarer Nähe mehrere Burganlagen wie beispielsweise die Burg Ringelstein auf dem Gipfel des Groß-Ringelsbergs sowie mehreren Schanzen: die Schwedenschantz, Spiess 1 und 2, Klein-Ringelsberg und Kastel bei Hohenstein. Obwohl das Geschlecht der Hohensteiner, welches sich nach

*Abb. 78 (o.) Übersichtsplan von Burg Hohenstein und Umgebung.*
*Abb. 79 (r.) Die Höhenverhältnisse von Burg und Belagerungsschanzen im Vergleich.*

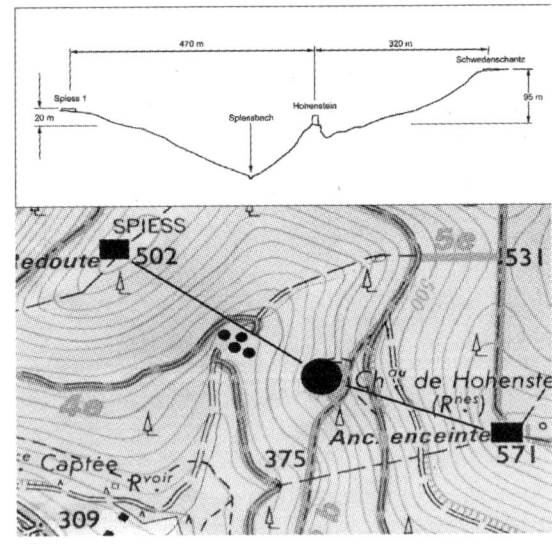

der Burg benannte, erst 1226 erwähnt wird, kann die Errichtung der Burg aufgrund der Ergebnisse archäologischer Untersuchungen noch in das Ende des 12. Jahrhunderts datiert werden.

Hohenstein wurde auf einem länglichen Bergsporn errichtet; auf der Süd-, Ost- und Nordseite trennt ein Graben die Burganlage von dem Rest des Berges und auf der Westseite dient der steile Berghang als natürlicher Schutz. Die Vorburg liegt auf der Angriffsseite und wurde am Fuß des Bergfrieds, hinter welchem sich die Wohngebäude erstreckten, angelegt. Um diesen Teil der Burg zu erreichen, musste man die Vorburg, in der sich der Burgeingang befand, durchqueren. Der Hauptzugang der Burg liegt am Ende einer Rampe, die an der Ringmauer der Vorburg im Uhrzeigersinn entlangführt.

Archäologische Untersuchungen haben gezeigt, dass die Vorburg Anfang der zweiten Hälfte des 13. Jahrhunderts, also nach der Belagerung von 1251, mit einer aus Buckelquadern errichteten Ringmauer umgeben wurde. Mehrere Wohngebäude, deren Spuren teilweise noch sichtbar sind, wurden ebenfalls danach in der Vorburg errichtet.

Über die Ereignisse der Belagerung von 1251 existieren keine direkten schriftlichen Belege. Einzig aus einer Bittschrift des Kapitels von Haslach vom September desselben Jahres an Heinrich III. von Stahleck, Bischof von Straßburg, ergibt sich, dass das Kapitel die versprochene Belohnung für die während der Belagerung geleistete Hilfe einfordert. Wahrscheinlich handelte es sich um logistische Hilfe, da die Abtei Haslach nur 3,5 km von der Burg entfernt ist. Diese Urkunde beweist, dass die Belagerung vom Bischof von Straßburg durchgeführt wurde – die Gründe dafür sind allerdings nicht bekannt.

Die Ereignisse, die im Jahre 1388 zur zweiten Belagerung geführt haben, sind besser belegt: Der Bischof von Straßburg, Berthold von Bucheck, hatte sich entschlossen, in den Händen von Laien befindliche kirchliche Privilegien abzuschaffen. Er gab den Betroffenen eine Frist von zwei Jahren, um sich entweder ordinieren zu lassen oder auf die Privilegien zu verzichten. Dadurch verschlechterten sich die Beziehungen zwischen dem Bischof und einem Teil des elsässischen Adels, insbesondere mit Rudolf von Hohenstein, der sich mit anderen feindlich gesinnten Adeligen gegen den Bischof verbündete. Am 1. September 1337 wurde der Bischof, der sich beim Vogt in Haslach aufhielt, vom Hohensteiner entführt und in der Burg Waldeck und später in der Burg Kirkel eingesperrt. Er wurde erst etwa vier Monate später freigelassen, nachdem er alle von seinen Entführern gestellten Bedingungen angenommen und ein Lösegeld von 61100 Mark bezahlt hatte. Die Auseinandersetzung zwischen dem Bischof und dem Hohensteiner erreichte ihren Höhepunkt, als Letzterer die Männer des Bischofs aus Burg Hohenstein vertrieb und sich weigerte, dem Bischof 210 Silbermark zurückzuzahlen, die Konrad III. von Lichtenberg 1279 entrichtet hatte, um einen Anteil der Burg zu erwerben.

Im Bündnis mit mehreren Städten stellte Bischof Berthold von Bucheck sodann ein Heer auf, das Hohenstein belagerte. Die Burg wurde eingenommen und völlig zerstört:

*Do belag bischof Bechtold von Strosburg die burg Hohenstein, und zerbrach sü in den grunt abe. Und wart do noch nüt wider gebuwen.*

Danach wurde Burg Hohenstein nie mehr wieder aufgebaut.

Die Belagerung von 1338 hat im Umfeld der Burg Hohenstein deutliche Spuren hinterlassen. Es handelt sich hier hauptsächlich um zwei Schanzen der Angreifer: Die erste befindet sich auf dem Gipfel des Spiessbergs (Spiess I) und die zweite, genannt »Schwedenschantz«, unweit des Passes, der Groß- und Klein-Ringelsberg voneinander trennt. Auf der anderen Seite des Haseltals, am Osthang des Kastelbergs, befindet sich eine dritte Schanze, von welcher aus man das Tal überschauen kann. In gewissem Maße wurde auch eine auf dem Gipfel des Klein-Ringelsberg gelegene Schanze in den Ring der Belagerungsanlagen einbezogen. An mehreren Stellen des Berges liegen steinerne Schleuderkugeln herum, die eindeutig auf die Benutzung von einer oder mehreren Bliden hinweisen.

Der Spiess (502 m) ist ein kleiner Bergrücken, der sich an die Westseite des Klein-Ringelsbergs anschließt, und auf dem sich eine der erhaltenen Belagerungsschanzen befindet, genannt »Spiess I«. (»Spiess II« hat mit der hier behandelten Belagerung nichts zu tun.) Sie ist 470 m von Hohenstein entfernt und liegt 20 m höher als die Burg, aus einem rechteckigen Plateau von etwa 18 m Breite und 24 m Länge bestehend, welches auf der Nordost-, Nordwest- und Südwestseite von einem im Fels ausgehauenen Doppelgraben umgeben ist. Die vierte Seite, die Hohenstein gegenüberliegt, ist durch eine Trockenmauer gesichert. Auf der Schanze wurden mehrere Tonscherben des 14. Jahrhunderts gefunden und eine Sondierungsgrabung ergab, dass die Schanze wohl nur sehr kurze Zeit genutzt wurde. Der wichtigste Fund war eine Schleuderkugel, die auf der Südseite der Anlage freigelegt wurde. Damit ist klar, dass die Anlage auf dem Spiessberg eine Belagerungsschanze war, in welcher eine Blide errichtet wurde, die Burg Hohenstein von der Nordwestseite aus beschoss.

Auf einer kleinen Erhebung 350 m südlich des Passes, der Groß- und Klein-Ringelsberg trennt, befindet sich die weiter oben auch schon erwähnte Schwedenschantz, die zweite der Belagerungsanlagen. Die Anlage ist 320 m von Hohenstein entfernt und liegt 95 m höher als die Burg. Sie besteht aus einem Plateau von 26 x 37 m Größe, welches von einem Doppelgraben umgeben ist. Während der innere Graben vollständig erhalten ist, hat sich der äußere nur noch in Resten erhalten. Auf der Westseite, also in Richtung Burg Hohenstein, bildet der steile Berghang ein natürliches Hindernis. Am westlichen Rand des Plateaus und im Graben wurden mehrere Schleuderkugeln gefunden.

Auffällig sind die Größenverhältnisse: Nicht nur, dass beide Anlagen von einem Doppelgraben umgeben sind, dessen Breite 24 bzw. 25 m beträgt, auch die Länge der gegen Hohenstein gerichteten Seite beläuft sich auf 18 m (Spiess I) bzw. 37 m (Schwedenschantz). Ob dies ein Beleg für zwei Bliden in der Schwedenschantz im Gegensatz zu einer in Spiess I sein kann, muss vorerst offen bleiben.

Eine dritte Schanze, Kastel, befindet sich auf der anderen Seite des Haseltals, wo sie auf einem nach Osten gerichteten Gebirgsvorsprung errichtet wurde. Es handelt sich wahrscheinlich auch hierbei um eine Belagerungsschanze, die den Zugang zu Burg Hohenstein auf der Westseite abriegeln und den Durchgang durch das Haseltal überwachen konnte.

Auch die Schanze auf dem Klein-Ringelsberg wurde für die Belagerung offenbar neuerlich genutzt, nachdem der dortige Steinbruch Ende des 12./Anfang des 13. Jahrhunderts verlassen wurde; einen Hinweis darauf bietet eine dort gefundene Schleuderkugel. Dafür spricht auch, dass man vom Klein-Ringelsberg aus einen Ort namens »Anlagen«, an dem sich im Mittelalter mehrere Wege kreuzten, überwachen kann. Einer dieser Wege, eventuell eine alte Römerstraße, führte von Haslach unmittelbar an Burg Hohenstein vorbei und sein Verlauf ist teilweise heute noch erkennbar. Die gefundene Schleuderkugel lässt die Vermutung zu, dass wenigstens ein Teil der Schleuderkugeln im Steinbruch auf dem Klein-Ringelsberg behauen wurden, da der anstehende Fels dort aus feinem Sandstein besteht.

Sowohl im Spiesstal als auch im Tal der Hasel fanden sich im Laufe der Jahrzehnte eine Vielzahl von Schleuderkugeln, welche wohl im Rahmen des Beschusses der Burg nach Abprallern oder zu weiten Würfen in die darunterliegen-

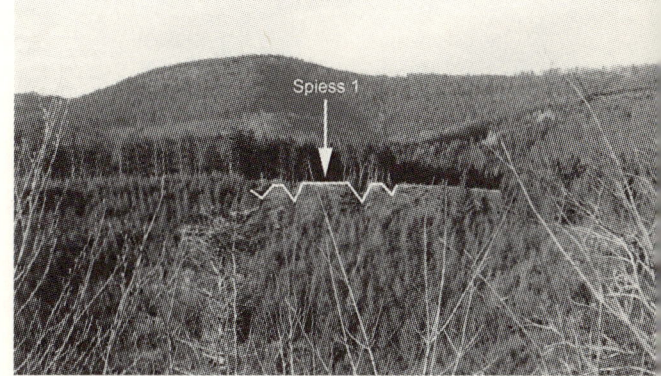

*Abb. 80 (o.) Blick von Burg Hohenstein auf Spiess I.*
*Abb. 81 (m.) Auf Burg Hohenstein und im Spiesstal gefundene Blidenkugeln.*
*Abb. 82 (u.) Burg Hohenstein.*

den Täler gerollt sind – eine Anzahl von ihnen wurde auf dem Giebel des Restaurants Hohenstein platziert. Die bei Sondierungen gefundenen Schleuderkugeln bestehen alle aus Sandstein und wiegen zwischen 11,5 und 85,5 kg.

# Burg Falkenberg/Straßertal

*Abb. 83 Ansicht des Bergfrieds der Burg Falkenberg mit Kapelle.*

Die geringen, doch beeindruckenden Reste der Burg Falkenberg im Straßertal befinden sich auf einem Bergsporn nördlich von Krems an der Donau/Niederösterreich (Abb. 83). Die Burg wird indirekt erstmals in den 1140er Jahren erwähnt und ist ausweislich der Bausubstanz im 13. Jahrhundert intensiv ausgebaut worden. Es handelt sich um eine verhältnismäßig kleine Kernburg von 20 x 40 m Ausdehnung, in der als beherrschendes Bauteil noch heute Reste des ursprünglich wohl etwa 10 m Seitenlänge aufweisenden Hauptturmes mit seiner gotischen Kapelle aufragen. Das Bild der Burg wird heute aber hauptsächlich durch die mächtigen und weitgreifenden Wälle und Gräben geprägt, die der Burg vorgelagert sind.

Die Falkenberger gerieten wohl gegen Ende des 13. Jahrhunderts in Streit mit dem Landesfürsten, denn die *Österreichische Reimchronik* des Ottokar aus der Steiermark berichtet ausführlich von einer fünf Monate andauernden, aufwendigen Belagerung in den Jahren 1299 bis 1300. Er beschreibt detailliert den starken Beschuss der Burg durch Bliden:

ouch muoste man dâ schouwen
grôzer blîden viere
vor der burc riviere,
die mit grôzer maht
beide tac und naht
wurfen hin in steine
grôze und niht kleine
[...]

*swaz zwên und sibenzic wegen*
*stein mohten getragen,*
*bî nahten und bî tagen.*
*ez was, sô man seit,*
*ein kostlich arbeit;*
*swaz man steine darzuo nam,*
*von Egenberge daz kam*

In freier Übersetzung heißt das:

*auch musste man dort schauen*
*großer Bliden viere*
*vor der Burg Reviere,*
*die mit großer Macht*
*bei Tag und bei Nacht*
*wurfen hinein Steine,*
*große und nicht kleine*
*[…]*
*Zweiundsiebzig Wagen*
*mussten Steine tragen*
*bei Nacht und bei Tag.*
*Es war, so sagt man,*
*ein sehr teures Unternehmen,*
*und die Steine, die man nahm,*
*kamen aus Egenberge.*

Noch heute findet man im verschütteten Graben der Burg Falkenberg eine große Anzahl beeindruckender Schleuderkugeln (Abb. 84), die tatsächlich nicht aus dem örtlichen Stein gefertigt sind, sondern die offenbar aus den Steinbrüchen bei Eggenburg stammen ... Des Weiteren konnte im Umfeld der Burg nicht nur eine Belagerungsschanze entdeckt werden, sondern eine Vielzahl von gefundenen Armbrustbolzen ist auch ein Beleg für die heftigen Kämpfe von 1299/1300, zu deren Ende die Burg zerstört wurde.

*Abb. 84 Blidenkugel von Burg Falkenberg.*

# Burg Berwartstein

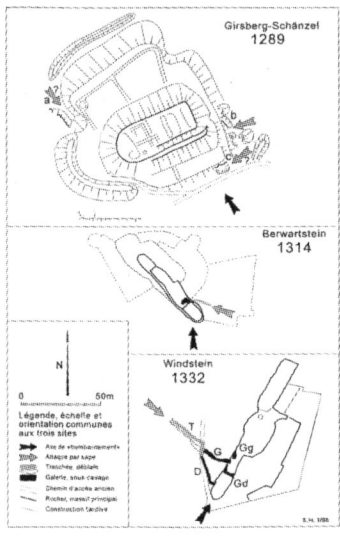

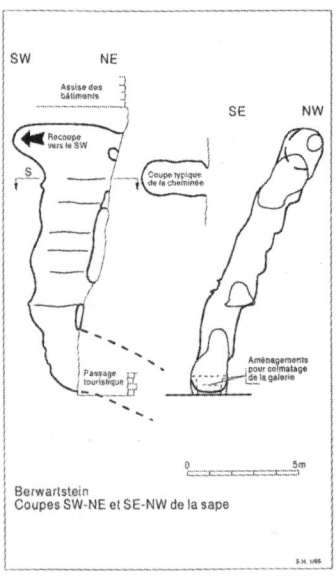

Berwartstein
Coupes SW-NE et SE-NW de la sape

Die Burg Berwartstein, im Dahner Felsenland in der südwestlichen Pfalz, Rheinland-Pfalz, gelegen, präsentiert sich heute als ab 1894 historistisch aus- und aufgebaute Burg (Abb. 85 u. 86). Die Hauptburg erhebt sich auf einem hohen, lang gestreckten Rotsandsteinfelsen, während die Unterburg um den Felsen herum und an diesen angelehnt errichtet wurde. Wie die Burg des beginnenden 14. Jahrhunderts aussah, muss weitgehend offen bleiben – die Hauptburg auf dem Felsen bestand aber sicher schon.

Die Burg wird urkundlich erstmals 1152 erwähnt und befand sich ab dem beginnenden 13. Jahrhundert in der Hand von speyerischen Ministerialen, den Herren von Berwartstein. Im Jahre 1314 kam es zum Konflikt mit den Städten Straßburg und Hagenau sowie den Grafen von Leiningen, die Eberhard von Berwartstein, Hugo von Fleckenstein und Nikolaus von Lützelstein den Bruch des Landfriedens vorwarfen und die Burgen der drei Verbündeten sukzessive belagerten. Nach fünf Wochen konnten die Belagerer Burg Berwartstein einnehmen, plünderten die Vorräte, zerstörten die Burg, zumindest teilweise, und führten die Verteidiger, 25 bis 30 Mann, nach Straßburg in die Gefangenschaft.

Auch wenn die Schriftquellen keine weiteren Details zu der Belagerung berichten, haben sich beeindruckende Spuren der Arbeiten der Angreifer erhalten: Im Südosten des Burgfelsens befindet sich ein kaminartiger Schacht, der in einer Steigung von etwa 70 Grad durch den anstehenden Sandsteinfelsen nach oben führt, bis knapp unter das Niveau der Burgmauern. Aufgrund von Spuren von ehemals dort eingesetzten hölzernen

*Abb. 85 (o.) Übersichtsplan der Belagerung von Burg Berwartstein.*
*Abb. 86 (u.) Schnitt durch die Sappe von Burg Berwartstein.*

Arbeitsbühnen kann man vermuten, dass die Angreifer hier eine Mine (Abb. 87) gegraben hatten, um die Burgmauern zu unterhöhlen und zum Einsturz zu bringen, doch kurz vor der Fertigstellung der Mine gaben die Verteidiger der Burg offensichtlich auf.

Auf einem der Burg benachbarten Bergsporn wurde wohl im späten 15. Jahrhundert das Vorwerk Klein-Frankreich errichtet, ein kanonentauglicher Rundturm von 14 m Höhe und 14 m Durchmesser mit einer Umfassungsmauer. Es ist sehr wahrscheinlich, dass dieses Vorwerk an genau der Stelle errichtet wurde, an der sich im Jahre 1314 die Steinschleudern der Belagerer befunden haben.

# Burg Alt-Windstein

Die Burg Alt-Windstein, vermutlich spätestens kurz vor 1200 von staufischen Reichsministerialen gegründet, befindet sich im nördlichen Elsass, nahe Niederbronn-les-Bains (Abb. 88–90). Sie erstreckt sich etwa in Nord-Süd-Richtung auf einem felsigen, hoch aufragenden Bergkamm. Durch einen Sattel getrennt schließt sich im Süden ein weiterer Bergkamm an, auf dem sich die Burg Neu-Windstein befindet sowie, nördlich von dieser, Burgreste, die auch als Mittel-Windstein bezeichnet werden.

Im Jahre 1332 wurde Alt-Windstein zehn Wochen lang durch ein Heer des Bischofs von Straßburg, der Stadt Hagenau, des Landvogtes Rudolf von Hohenberg und Hanemanns von Lichtenberg belagert. Bei dieser mit großem Aufwand betriebenen Belage-

*Abb. 87 Verlauf der Mine durch den Burgfelsen, erkennbar an den Ausbrüchen im Fels.*

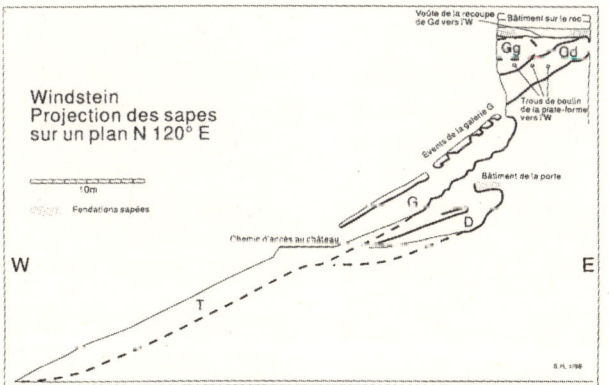

*Abb. 88 Schnitt durch die Sappe vor Burg Alt-Windstein.*

rung wurde nicht nur versucht, die Burg durch Minierung zu brechen, sondern es fand, gesichert durch die Schriftquellen und vor Ort aufgefundene Blidenkugeln, auch ein Beschuss von Alt-Windstein durch Bliden statt; die Quellen sprechen sogar von vier Wurfmaschinen. Ferner war es vertraglich festgelegt, dass die Belagerer zwei Verschanzungen vor Alt-Windstein errichten wollten: Jede Seite wird »ein werk in unsern Costen vor der Burg haben«. Die Schriftquellen berichten neben dem Bau der Belagerungsschanzen und dem Einsatz der Wurfmaschinen von der Verwendung von »Katzen«, also fahrbaren Schutzdächern, und auch von 80 Mineuren, die auf Seiten der Angreifer tätig wurden. Die erfolgreiche Unterminierung führte schlussendlich, wie gesagt, nach zehn Wochen schließlich zur Aufgabe der Verteidiger. Die Reste dieser Minenstollen lassen sich noch im Vorfeld der Burg ausmachen: Im unteren Teil des Hanges zieht sich ein Graben hinauf, der im Bereich der heutigen Zufahrtsstraße in einen Stollen im Sandstein übergeht. Dieser Stollen teilt sich in zwei Arme. Der eine führt auf das ehemalige Tor der Burg zu, während der zweite, welcher heute noch auf einer Strecke von etwa 20 m Länge begehbar ist, sich unmittelbar bergauf an den Oberburgfelsen heranzieht. Direkt hinter dem Ausgang dieses Stollens wurde der Burgfelsen ebenfalls durchbrochen, so dass die Angreifer die Unterburg überschauen konnten. Im Inneren des Stollens lassen sich Nischen für die Lampen und Standspuren hölzerner Stützen erkennen.

An einer Stelle, 350 m nördlich von Alt-Windstein und auf gleicher Höhe gelegen, findet sich ein Plateau, worin eine der Verschanzungen der Belagerer und ein Standort zumindest einer der erwähnten Bliden gesehen werden muss.

*Abb. 89 (l.) Burg Alt-Windstein, um 1850.*
*Abb. 90 (r.) Blick in den Minenstollen.*

# Burg Eltz

Die Burg Eltz, eine der bekanntesten Burgen Deutschlands, liegt im engen, windungsreichen Tal des Elzbachs, einem nördlichen Zufluss der Mosel, südwestlich von Münstermaifeld/Rheinland-Pfalz (Abb. 91–96).

Als Bauplatz wurde eine auf drei Seiten vom Elzbach umflossene Felskuppe gewählt, welche den Ausläufer eines von Nordost nach Südwest ins Elzbachtal vorspringenden Bergrückens darstellt. Die die Felskuppe umgebenden Talhänge überhöhen den Burgplatz um fast 100 m bei einer Distanz von rund 200 m. Die Errichtung der Burg erfolgte wahrscheinlich im 12. Jahrhundert und zu dieser Zeit, noch vor Einführung der großen Bliden, war der Platz gut gewählt. Seit der Einführung der Blide, also einer Gegengewichtssteinschleuder, im deutschsprachigen Raum zu Beginn des 13. Jahrhunderts, konnte man mehr als zentnerschwere Steingeschosse über eine Distanz von mehreren 100 m schießen, so dass Burg Eltz nunmehr sehr exponiert lag.

Wie genau Burg Eltz zum Zeitpunkt der Belagerung in den Jahren von 1331 bis 1337 aussah, ist nicht ganz klar, fest steht aber, dass sie bereit damals – wie heute – das gesamte Platcau des Felsens einnahm und ein Teil der heutigen Gebäude auf die damalige Burganlage zurückgeht.

Die aufwendige Belagerung durch Erzbischof Balduin von Trier lässt zahlreiche archäologische und bauliche Hinterlassenschaften im Umfeld der Burg Eltz erwarten. Das beeindruckendste Relikt dieser Auseinandersetzung stellt sowohl aus baulicher wie auch aus historischer Sicht die Ruine

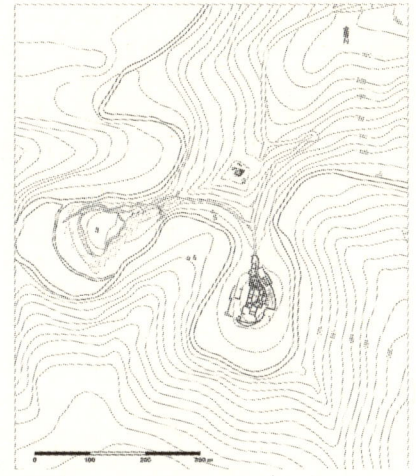

*Abb. 91 (l.) Situationsplan Burg Eltz und Umgebung.*
*Abb. 92 (r.) Grundriss der Burg Trutzeltz aus den 1930er Jahren.*

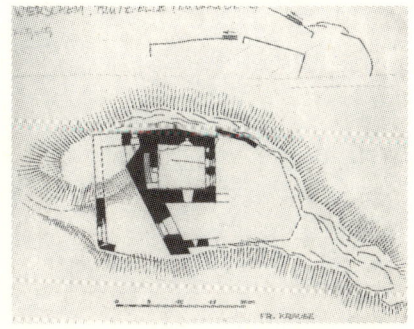

der Burg Trutzeltz oder Baldeneltz dar. Sie befindet sich auf dem gleichen Geländesporn wie Burg Eltz, nimmt jedoch eine wesentlich höher liegende kleine Spornspitze ein und suggeriert so eine klassische Belagerungsposition. Eine weitere Befestigungsanlage liegt auf einem westlich der Burg Eltz gelegenen, von der Elz umflossenen Bergsporn. Die Stelle trägt heute den bezeichnenden Namen Alte Burg.

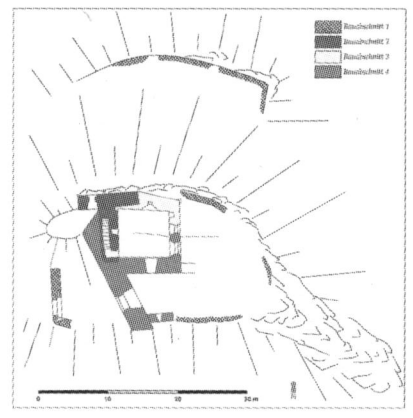

*Abb. 93 (o.) Bauphasenplan der Burg Trutzeltz.*
*Abb. 94 (u.) Blick über Burg Trutzeltz (r.) auf Burg Eltz.*

Beide Anlagen unterscheiden sich grundlegend voneinander: Während sich von der heutigen Ruine Trutzeltz noch beachtliche Baureste eines rechteckigen (Wohn-)Turmes mit Umfassungsmauern erhalten haben, sind von der Alten Burg bisher nur sehr spärliche Mauerfragmente bekannt. Auch die Flächenausdehnung ist sehr unterschiedlich: Das Gelände der Ruine Trutzeltz umfasst etwa 1300 m², die Flächenausdehnung der Alten Burg beträgt dagegen 4900 m², was nahezu dem Vierfachen entspricht. Die Trutzeltz überhöht die Burg Eltz um knapp 40 m, während die Alte Burg auf annähernd gleichem Niveau wie Burg Eltz liegt. Dagegen ist die Distanz der beiden ungleichen Wehranlagen zur belagerten Burg ähnlich, sie beträgt 200 bzw. 240 m.

Zwischen Burg Eltz und Alter Burg befinden sich zwei Turmruinen, deren Funktion bislang ungeklärt ist, eventuell waren es lediglich Taubentürme. Während der südliche der beiden Rundtürme auf einem von Süden ins Elzbachtal absteigenden Bergsporn etwa 10 m über der Talniederung liegt, wurde der nördliche Turm im steilen

Berghang unterhalb der Burg Trutzeltz errichtet. Die beiden Türme flankieren somit die Talniederung zwischen der Burg Eltz und der Befestigung Alte Burg.

Von 1307 bis 1354 war Balduin aus dem Hause Luxemburg Erzbischof von Trier. Dieser Erzbischof versuchte kontinuierlich, das Territorium entlang der Mosel zwischen seinen beiden wichtigsten Städten Trier und Koblenz unter Kontrolle zu bekommen und führte daher eine Vielzahl an Fehden mit den dortigen Adeligen und Burgherren. Das war auch der Grund, weswegen er eine Vielzahl eigener Burgen errichtete.

In der sogenannten Eltzer Fehde stand ein Bündnis der Gemeiner, also der Bewohner der Burgen Eltz, Waldeck, Schöneck und Ehrenburg, alle im Bereich der Untermosel gelegen, gegen den Trierer Erzbischof, wobei die genauen Hintergründe nicht klar sind. Während die *Gesta Trevirorum*, ein zeitgenössisches Trierer Geschichtswerk, von einer »Rebellion der Übermütigen« sprechen, scheint es sich tatsächlich eher um eine Verteidigung der genannten Verbündeten zu handeln, die ihre Selbstständigkeit trotz dess Expansionsstrebens Balduins erhalten wollten. Die Fehde scheint im Laufe des Sommers 1331 begonnen zu haben. Sie zog sich bis zu einer Sühne, also einem Friedensschluss, der Verbündeten am 9. Januar 1336 hin, wobei Johann von Eltz sich aber erst fast zwei Jahre später, am 16. Dezember 1337, mit dem Trierer Erzbischof sühnte.

In der Literatur heißt es zu den militärischen Ereignissen der Fehde häufig, dass Balduin die Burg Trutzeltz im Laufe der Fehde errichtet habe, und Burg Eltz von dort mittels Bliden beschossen worden sei.

An dieser Stelle soll erst einmal die schriftliche Überlieferung vorgestellt werden, die über diese Ereignisse vorliegt. Abgesehen von der urkundlichen Überlieferung in Form des Zusammenschlusses der Eltzer und ihrer Verbündeten sowie der Sühnen berichten auch die *Gesta Trevirorum* über die Fehde. In den *Gesta* heißt es zum Jahre 1331 in deutscher Übersetzung:

*Gegen sie, d. h. die Eltzer, Waldecker, Schönecker und Ehrenburger, zog Herr Balduin mit Heeresmacht zu Felde, schloß Eltz ein und befestigte das neu erbaute Baldeneltz in ganz erstaunlicher Weise Hierdurch vernichtete er die Macht von Eltz.*

Zum Jahre 1333 berichten die *Gesta*:

*Im folgenden Jahre 1333 trugen daher die Herren von Eltz, Ehrenburg, Waldeck und Schöneck in der Einsicht, dass sie der Macht des Bischofs keinen Widerstand mehr leisten konnten, und durch die langwierigen Fehden erschöpft, Verlangen nach der Wonne des Friedens, die ihnen Balduin, selbst ein Freund des Friedens, auf ihre Bitten hin gnädig gewährte. Johann von Eltz ließ er über seine Burg Baldeneltz für immer als geschworenen und getreuen Burggrafen seiner Kirche einsetzen.*

Dass es im August und Oktober 1334 zu Kampfhandlungen um Burg Eltz gekommen sein muss, lässt sich daraus schließen, dass in beiden Monaten eine nicht bekannte Anzahl von Balduins Männern gegen Burg Eltz zog und auf dem Weg dahin in Wittlich bzw. Bernkastel übernachtete.

In der Sühne zwischen Erzbischof Balduin und Johann von Eltz vom Dezember 1337 verzichteten Johann von Eltz und seine Frau auf alle Rechte an dem Berg und das Gelände, auf dem Burg Trutzeltz errichtet wurde und hinderten das Erzbistum nicht daran, diese Burg auch weiterhin zu besitzen und zu nutzen.

Aus den Schriftquellen geht mithin lediglich hervor, dass Erzbischof Balduin mit seinen Männern gegen Burg Eltz gezogen war und dort die Burg Baldeneltz erbaute, vermutlich sogar auf dem Grund und Boden der Herren von Eltz. Durch diesen Bau und die Einschließung der Burg Eltz zwang er Johann von Eltz zur Aufgabe, allerdings kann man noch für 1334 Kampfhandlungen erschließen. In den Schriftquellen findet sich also kein eindeutiger Beleg für den Charakter der Trutzeltz als Stellung von Bliden oder überhaupt für den Einsatz derselben.

Den Beweis für den massiven Einsatz von Bliden im Rahmen dieser Belagerung liefern jedoch die vielen im Bereich der Burg gefundenen Blidenkugeln: Im Hof der Burg Eltz wurden gegen Ende des 19. Jahrhunderts viele der im Umfeld der Burg gefundenen Steinkugeln aufgestapelt, die sich noch heute dort befinden. Weitere Kugeln wurden scheinbar bei Baumaßnahmen zu Beginn des 20. Jahrhunderts als Zierelemente in Mauern eingefügt, und im Westzwinger der Burg fanden sich bei den Entschuttungsmaßnahmen der späten 1970er Jahre insgesamt über 40 weitere Blidenkugeln. Die meisten Kugeln haben einen Durchmesser von etwa 30 bis 37 cm, wobei sich ein deutlicher Schwerpunkt bei 34 bis 36 cm abzeichnet. Sodann gab es noch einige vereinzelte Geschosse mit etwa 45/46 cm und mit etwa 51 bis 54 cm Durchmesser; das Gewicht lag zwischen 36 und 58 kg.

Es ist aufgrund des Gewichts wahrscheinlicher, dass sozusagen drei verschiedene Lieferungen von Blidenkugeln an die Belagerer gesandt wurden, die dann entsprechend die Blide mit Hilfe der Änderung des Gegengewichts neu justieren mussten. Eventuell mag dieses Erfordernis, sich neu auf das Ziel einzuschießen auch eine Erklärung für die im Nordosten der Burg Eltz im Bach, also relativ weitab gefundenen Kugeln sein.

Es stellt sich nun die Frage, wie die Schrift- und Sachquellen unter Berücksichtigung des Geländes zu deuten sind. Löst man sich von der nicht belegten Annahme, dass der Beschuss der Burg Eltz von der Trutzeltz aus erfolgt sei, und zieht in Betracht, dass eine Blide zum einen relativ viel Platz zur Aufstellung benötigte und zum anderen aufgrund der bei ihrem Einsatz wirkenden Kräfte der Standort auf einem Turm eher die Ausnahme sein dürfte, dann gerät die Alte Burg ins Blickfeld der Überlegungen. Dass es sich hier um den Standort der Blide(n) gehandelt haben könnte, wird nicht nur durch die große ebene Fläche dieser Befestigung wahrscheinlich gemacht, die auch für eine weit größere Anzahl von Männern des Erzbischofs als Lager gedient haben könnte als die Trutzeltz, sondern auch durch die Lage der gefundenen Blidenkugeln. Wenn man nun den Westzwinger als originären Platz annimmt, an welchem die Kugeln nach ihrem Beschuss landeten, lässt dies die Annahme wahrscheinlich werden, dass es sich um die von den Burgmauern abgeprallten Kugeln handeln dürfte, die mithin aus Richtung Westen, also aus Richtung der Alten Burg geworfen worden sein dürften.

Diese Überlegungen stehen auch keinesfalls in einem Widerspruch zu den Ergebnissen der bauhistorischen Forschungen an Burg Trutzeltz: Zu Beginn der Belagerung wurden zwei relativ einfach gestaltete Belagerungsanlagen errichtet, welche dazu dienten, Burg Eltz einzuschließen. Wenn man nun die Alte Burg als Stellung der Blide(n) ansieht, so würde das zusammen mit der Errichtung der Ursprungsanlage der Trutzeltz zum einen auch den Ausdruck der *Gesta Trevirorum* erklären, dass

Abb. 95 (o.) *Burg Trutzeltz mit vorgelagertem Halsgraben.*
Abb. 96 (u.) *Blidenkugeln im Westzwinger der Burg Eltz.*

Burg Eltz eingeschlossen wurde. Zum anderen aber böte es auch eine Erklärung für die Frage, weshalb die Eltzer die Erbauung der zweiten, repräsentativeren und symbolisch geprägten Anlage der Trutzeltz oberhalb ihrer eigenen Burg scheinbar tatenlos hinnahmen: In dem Moment, wo sich die Männer des Erzbischofs auf der Alten Burg festgesetzt hatten, hätte jeder Versuch der Eltzer, einen Ausfall gegen die Baustelle zu unternehmen, unweigerlich dazu geführt, dass sie zwischen zwei Trierer Stützpunkte geraten wären, kann man doch von der Alten Burg die gesamte Westseite der Burg sowie das nach Norden führende Tor der Burg Eltz bestens überblicken.

Weiterhin würden diese Überlegungen auch den Charakter und die Baugestalt der Trutzeltz erklären: Nachdem die Lage aus Trierer Sicht »unter Kontrolle« schien, war ein größere Belagerungsanlage an der Stelle der Baldeneltz letztlich nicht mehr notwendig, denn eine Blidenstellung und ein großes Lager hatte man mit der Alten Burg bereits. Was nun benötigt wurde, war lediglich ein kleiner Stützpunkt, der einerseits mit wenig Aufwand zu verteidigen war, und der andererseits – und das dürfte entscheidend gewesen sein – einen sehr hohen Symbolgehalt aufwies. Den Turm der Trutzeltz, der offenkundig alles andere als provisorischen Charakter hatte, konnte man von Burg Eltz zu keiner Zeit übersehen, er war ein deutlicher Ausdruck des Erzbischofs Balduin, dass er die Eltzer nicht »in Frieden lassen« würde, bis eine ihm genehme Sühne geschlossen worden war. Wenn man den *Gesta Trevirorum* insoweit auch hinsichtlich des Zeitablaufs folgen möchte und annimmt, dass eine militärische Aktion gegen Burg Eltz lediglich den Beginn der Fehde darstellte, würde sich der anschließende Zug des Erzbischofs gegen die drei anderen Burgen Waldeck, Schöneck und Ehrenburg erklären, hätte er doch zu diesem Zeitpunkt bereits mit dem Bau des steinernen Machtsymbols Baldeneltz als Dokumentation seiner Ansprüche zumindest begonnen.

# Schloss Dhaun

Eine weitere Belagerung, welche der Trierer Erzbischof Balduin von Luxemburg durchgeführt hat, war diejenige von Schloss Dhaun an der Nahe, in der Nähe von Bad Kreuznach/ Rheinland-Pfalz, im Rahmen der dritten Schmidtburger Fehde (Abb. 97–99).

Schloss Dhaun liegt auf einem Bergsporn oberhalb des Simmerbachtales, eines Seitentales der Nahe. Etwa 1,5 km Luftlinie talaufwärts liegt Burg Heinzenberg auf einer kleinen Anhöhe oberhalb des Simmerbaches. Östlich der Mündung des Flusses in die Nahe und etwa 3 km südöstlich von Schloss Dhaun liegt Martinstein, während sich St. Johannisberg westlich der Mündung des Simmerbaches in etwa 2 km Entfernung von Schloss Dhaun befindet. Gut 800 m den Fluss abwärts, südlich von Schloss Dhaun, befindet sich Burg Brunkenstein und 1 km Luftlinie von Dhaun stromabwärts die Rodenburg. Die Belagerungsstellung Geierslei befindet sich etwa 300 m westlich auf einem Schloss Dhaun überhöhenden Bergrücken.

Schloss Dhaun präsentiert sich heute als großflächige Anlage, die teilweise modern überbaut wurde, doch sind leider kaum mehr Bauteile aus der Zeit der Belagerung vorhanden, so dass nicht bekannt ist, wie die Burg um 1340 aussah. 1329 erbauten die Wildgrafen oberhalb einer in der Talniederung gelegenen Siedlung die Burg Rodenberg auf einer kleinen Kuppe in der Nähe von Schloss Dhaun, doch mussten sie nur wenig später dem Trierer Erzbischof

Öffnungsrechte an der Burg zugeste-
hen. Der Hauptburghügel und die
Gräben sind noch erhalten, auch
wenn der Hügel beim Straßenbau
teilweise angeschnitten wurde. Als
Reaktion auf das Eindringen des Trie-
rers in ihren Herrschaftsbereich errichteten die Wildgrafen ein weiteres
Vorwerk zwischen Schloss Dhaun
und der Burg Rodenberg, die Burg
Brunkenstein, von der sich ein vor
wenigen Jahren sanierter markanter
Mauerzahn erhalten hat.

Von der Burg Martinstein, die
der Mainzer Erzbischof im Zuge der
Fehde gegen den Wildgrafen erbaute,
ist heute nichts mehr erhalten, ebenso wenig von der trierischen Burg St.
Johannisberg, die einem Steinbruch

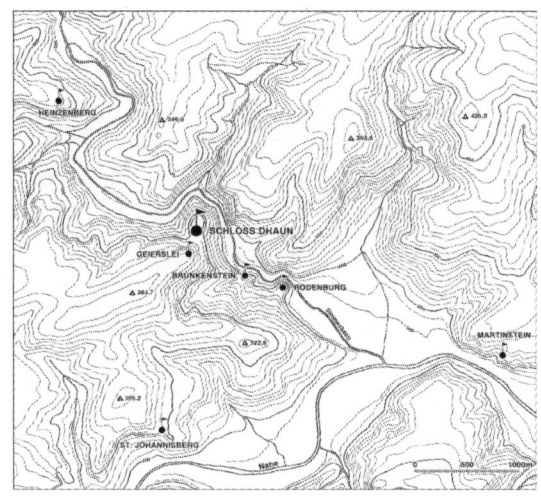

Abb. 97  Plan von Schloss Dhaun und Umgebung.

zum Opfer fiel. Von der Belagerungsschanze auf der Geierslei hingegen haben sich noch
letzte Reste der Wälle konserviert.

Von der Burg Heinzenberg, die von Balduin von Trier in den Kreis der Belagerungsanlagen eingebunden wurde, finden sich nur mehr geringe, stark von Dickicht überwucherte
Mauerreste.

Am 3. Dezember 1337 schloss Erzbischof Balduin von Trier mit seinen Verbündeten einen Vertrag gegen den Wildgrafen Johann von Dhaun, in dem unter anderem festgelegt war,
dass der Erzbischof von den Kosten, die durch Bauten entstünden, deren Errichtung im
Rahmen einer Belagerung von Schloss Dhaun notwendig werden würde, die Hälfte zu tragen hätte. Aufgrund der politischen Entwicklung kam es zu jener Zeit jedoch noch nicht
zum Ausbruch von Kampfhandlungen.

Diese aber begannen gegen den Wildgrafen im Jahre 1340 dann schließlich doch noch,
und zwischenzeitlich hatte Balduin weitere Verbündete hinzugewinnen können. Daher wurde am 19. Juli 1340 zwischen den Belagerern »in dem here vor Dune«, also im Heerlager vor
Schloss Dhaun, unter anderem Folgendes vereinbart: Die Kosten der nötigen Baumaßnahmen sollten jetzt zu je einem Drittel von dem Erzbischof von Trier, dem Erzbischof von
Mainz und den übrigen Verbündeten getragen werden; dem sollten auch die vererblichen
Besitzanteile an diesen Anlagen entsprechen. An jeder Befestigung, die gemeinsames Eigen-

*Abb. 98 Ansicht von Schloss Dhaun vor dem Wiederaufbau.*

tum war, sollten 1500 Pfund Heller (eine damals gebräuchliche Münze) verbaut werden, bei Bedarf auch mehr, und weil die Erzbischöfe mittlerweile schon die Burgen St. Johannisberg und Martinstein errichtet hatten, sollten die Verbündeten nunmehr näher an Schloss Dhaun eine dritte Anlage errichten. Am 21. Juli 1340 übernahm der Erzbischof von Mainz den Unterhalt von Martinstein, der Erzbischof von Trier jenen von St. Johannisberg. Am 24. Juli 1340 wurde dann geregelt, dass die dritte Befestigung auf der Geierslei, in unmittelbarer Nähe von Schloss Dhaun, errichtet werden solle. Wenn die Belagerung vor Vollendung der Geierslei abgebrochen und deren Bau daher nicht vollendet werden würde, so sollten die übrigen Verbündeten trotzdem ihre Besitzanteile an den Burgen Martinstein und St. Johannisberg behalten.

Nachdem ein durch den Kaiser vermittelter Waffenstillstand eine Unterbrechung herbeigeführt hatte und Wildgraf Johann anschließend versucht hatte, durch seine Flucht auf die Burg Felsberg im heutigen Saarland die Belagerer von Schloss Dhaun abzulenken, kam das Ende: Der Wildgraf musste nach der Übergabe von Felsberg und der Aufnahme des Erzbischofs von Trier in dem Anteil Johann von Heinzenbergs auf dessen Burg am 16. Januar 1342 die Erfolglosigkeit der Verteidigung von Schloss Dhaun einsehen, das jetzt vollständig eingeschlossen war. In der Sühne, also dem Friedensvertrag, zwischen Balduin von Trier und Wildgraf Johann von Dhaun vom 12. Juli 1342 wurde unter anderem vereinbart, dass sowohl die Belagerungsburg Geierslei als auch die »Vorburg« Brunkenstein abgerissen werden und die Burg St. Johannisberg dem Wildgrafen von Erzbischof Balduin zu Lehen gegeben werden sollten, nachdem der Wildgraf sein Dorf Hochstetten dem Erzbischof übertragen habe und dieses mit St. Johannisberg forthin ein Lehen bilden solle. Rheingraf Johann II. von Dhaun, der Neffe und Erbe des Wildgrafen, ließ jedoch bereits kurz nach Balduins Tod im Jahre 1354 die Burg St. Johannisberg zerstören, und ob der Brunkenstein tatsächlich nach Beendigung der Schmidtburger Fehde zerstört wurde, darf bezweifelt werden, da er bis zu seiner endgültigen Zerstörung im Jahre 1411 noch mehrfach urkundlich als bewohnte Burg belegt ist.

Abb. 99 Blick von der Rodenburg über den Turmstumpf des Brunkensteins auf Schloss Dhaun. Links oberhalb von Schloss Dhaun die Geierslei.

Die Belagerung von Schloss Dhaun ist ein beeindruckendes Beispiel von »Burgenpolitik« im Rahmen einer Belagerung, da die Burg des Wildgrafen sukzessive von feindlichen Anlagen umgeben wurde, bis man sie von außen nicht mehr ohne die Gefahr, entdeckt zu werden, erreichen konnte, woraufhin als letzter Schritt die Errichtung der Schanze auf der Geierslei erfolgte, von wo aus man Schloss Dhaun auch direkt hätte beschießen können.

## Burg Löwenstein/Elsass

Die Burg Löwenstein liegt auf und um einen markanten Felsen aus rotem Sandstein im nördlichen Elsass, nicht weit von der deutsch-französischen Grenze und der bekannten Burg Fleckenstein entfernt (Abb. 100 u. 101). Die Burg wird erstmals 1282 erwähnt und war eine Reichsburg, die den Herren von Ochsenstein zu Lehen gegeben wurde, wobei Otto von

*Abb. 100 (o.) Durch den Schnee ist der Verlauf des Grabens der Angreifer erkennbar.*
*Abb. 101 (u.) Blick vom Halsgraben auf die Angriffsseite. Das Ende des Grabens ist durch die Delle nachvollziehbar.*

Ochsenstein sie 1379 bzw. 1383 je zur Hälfte an Hans Streiff und Hans von Albe übertragen hatte.

Aufgrund von länger andauernden Streitigkeiten der beiden Besitzer mit der Stadt Straßburg und Johann von Lichtenberg kam es im Jahre 1386 zur Belagerung der Burg. Der Chronist Königshoven berichtet darüber, dass die Straßburger und Johann von Lichtenberg vor die Burg zogen und sie »mit Büchsen und Belagerungswerken« heftig bestürmten. Weiter schildert er:

*Und sie untergruben den Berg und Fels, auf dem die Anlage stand, bis die Verteidiger sich, nachdem sie acht Tage belagert worden waren, voller Schrecken ergaben.*

In Wirklichkeit hat die Belagerung allerdings länger gedauert als nur acht Tage, wie wir aus Schreiben erfahren, die der Befehlshaber Johannes Bock an den Rat der Stadt Straßburg richtete. Am 9. Juni 1386, vermutlich kurz nach Beginn der Belagerung, meldete er die Gefangennahme von drei Gegnern und schrieb weiter:

*Das Belagerungswerk ist aufgeschlagen und beschießt den Turm des Hans Streiff, wie gut eben eine Armbrust schießen kann. [...] Wisset auch, dass ich nicht mehr habe als dreißig Lanzenträger auf der Hohenburg und auf dem Fleckenstein, von denen ihr [gemeint ist der Rat der Stadt Straßburg] zwanzig besoldet und die Herren [also die übrigen Verbündeten] die anderen zehn. [...] Wisset auch, dass noch niemand von den Städten eures Bundes bei uns ist. Wisset auch, dass auf der Burg Löwenstein mehr als hundert Bewaffnete sind, von denen wir Kenntnis besitzen.*

Wie sich später herausstellte, hatte sich Johann Bock allerdings bei der Anzahl der Verteidiger kräftig verschätzt – in Wirklichkeit waren nur 19 Leute auf der Burg anwesend!

In seinem nächsten Schreiben berichtete Bock,

*dass wir am Dienstag [dem 12. Juni] nachmittags uns wappneten und die Burg Löwenstein berannten, und wir eroberten ein hölzernes Vorwerk und verbrannten es völlig. Und zur Schlafenszeit wappneten wir uns ein zweites Mal, griffen an und schossen Feuerpfeile hinein. Damit erreichten wir nicht viel. Und danach am Mittwoch [dem 13. Juni] mittags wappneten wir uns wiederum und griffen von zwei Seiten an mit Feuerpfeilen und mit weiteren Geschützen, und auch wir wurden heftig beschossen. Doch schreibe ich es Gott zu, dass niemand von uns geschädigt wurde. Wisset auch, dass wir an diesem betreffenden Mittwoch noch ein weiteres Belagerungswerk aufgeschlagen haben. Und deshalb scheint es mir nötig, dass ihr zwanzig gute Steinmetze zu uns und den zwei Belagerungswerken schickt, oder aber sie müssen ungebraucht liegen bleiben. Darüber hinaus schickt uns sechs oder acht Schanzgräber, die wir an die Seiten schicken wollen, damit sie sehen können, wie sie an die Burg gelangen können. [...] Wisset auch, dass das Haus des Hans Streiff vollkommen zerschossen ist. Wisset auch, dass weder Hans Streiff noch Hans von Albe in ihrer Burg Löwenstein sind.*

Die Schanzgräber oder Sappeure mussten kurzfristig bei den Belagerern eingetroffen sein, denn kurz nach dem 16. Juni konnte Johannes Bock schon mitteilen,

*dass die Gräber am vergangenen Samstag [dem 16. Juni] abends bis auf die Länge eines halben Spießes an den Graben von Löwenstein herangekommen sind. Wisset auch, dass ich um dieselbe Zeit mit den Verteidigern des Löwensteins sprach, insbesondere mit ihrem Hauptmann Albrecht von Hohenhardt [...] und dem, was ich in dieser Unterredung von ihm hörte, entnehme ich, dass sie sich verloren geben. [...] Wisset auch, dass sich unsere lieben Freunde, die ihr uns gesandt habt, mit gutem Nutzen um die Burg Löwenstein verteilt haben.*

Wie genau das Ende der Belagerung aussah, ob die Burg erstürmt wurde, oder aber – wahrscheinlicher – die Verteidiger aufgaben, ist nicht klar, doch am 19. Juni 1386 schworen sie Urfehde und übergaben die Burg an die Belagerer.

Während von der Burg selber heute nur noch geringe Reste erhalten sind und zu ihrem Aussehen 1386 kaum mehr etwas gesagt werden kann, findet sich ein spannendes Detail im Vorfeld der Burg: Aus der Richtung der benachbarten Hohenburg zieht sich ein flacher Graben über den Berggrat, genau auf den Halsgraben der Burg Löwenstein zu, der auf einer Seite von einem kleinen Wall aus dem Aushub des Grabens begleitet wird – dabei handelt es sich höchstwahrscheinlich um die Reste des von Johannes Bock beschriebenen Angriffsgrabens der Belagerer von 1386!

# Burg Mellnau

Burg Mellnau befindet sich in Hessen, nördlich von Marburg an der Lahn (Abb. 101). Die Anlage, mit dem ursprünglichen Namen Elenhouch, wurde um 1250 vom Erzstift Mainz errichtet.

*Abb. 102 Bergfried der Burg Mellnau.*

Nach angeblichen Übergriffen der Mellnauer Burgmannen auf Marburger Bürger kam es im Jahre 1381 zu einer Belagerung der Burg durch den Landgrafen Hermann von Hessen, über die die Chronik des Wigand Gerstenberg von Frankenberg Folgendes zu berichten weiß (in moderner Übertragung): Landgraf Hermann von Hessen schickte ein Heer und belagerte die Burg, und Ritter Guntram von Hatzfeld, dem die Burg gehörte, zog sich mit einigen Getreuen in den Bergfried zurück. So konnten die Soldaten des Landgrafen die Burg einnehmen und hätten die Verteidiger im Turm wahrscheinlich ausgehungert, denn diese mussten sogar ihren eigenen Urin trinken. Zusätzlich gruben die Angreifer ein großes Loch unter dem Turm, so dass er fast eingestürzt wäre. Inzwischen aber kamen Verwandte des Hatzfelders und die Ritter von Löwenstein mit einer großen Menge Soldaten und vertrieben die Soldaten des Landgrafen.

Leider ist die obige Schilderung der einzige Nachweis für diese Belagerung, und so ist bezüglich der Details Vorsicht geboten, da diese allzu spektakulär wirken, insbesondere da am Bergfried selbst heute keinerlei Spuren der überlieferten Minierarbeiten oder eventueller Reparaturen mehr zu erkennen sind.

# Burg Reifferscheid

Reifferscheid liegt in Nordrhein-Westfalen, im Kreis Euskirchen in der Gemeinde Hellenthal nahe der belgischen Grenze (Abb. 103). Die Burg Reifferscheid befindet sich auf einem Hügel oberhalb des heutigen Ortes und wird an drei Seiten von der sogenannten Freiheit umgeben, die sich über die ganze Hügelkuppe erstreckt. Die Burg selbst ist eine sogenannte Frontturmburg, die zur Angriffsseite nach Norden ausgerichtet ist. Hier befindet sich der

*Abb. 103 Burg und Siedlung Reifferscheid.*

Bergfried mit 10 m Durchmesser und einer Mauerstärke von gut 2 m. An den Bergfried schließt sich an beiden Seiten die Schildmauer an. Im Westen waren an diese Schildmauer vermutlich die Kapelle und der Palas angelehnt, welcher später auf der Ostseite des Hofes neu errichtet worden sein soll. Im Osten des Mauerberings befinden sich die Reste von weiteren Wohngebäuden, an die sich im Südosten ein großes Rondell anschließt. An der Südseite der Hauptburg befinden sich die Überreste des Burgtores. Diesem im Süden und Osten vorgelagert befindet sich die Vorburg.

Die Burg selbst ist baugeschichtlich nicht untersucht worden. Es wird vermutet, dass die erkennbaren Reste der Burg zum großen Teil aus dem 14. Jahrhundert stammen und auf der Grundlage einer stauferzeitlichen Burg errichten wurden. Der siebengeschossige runde Bergfried soll ebenfalls noch aus dem 14. Jahrhundert stammen. Die gesamte Anlage ist im späten Mittelalter und der frühen Neuzeit mehrfach ausgebaut und schlossartig gestaltet worden.

85

Die erste urkundliche Nennung ist von 1106, als die Anlage während einer Fehde zwischen Kaiser Heinrich IV. und König Heinrich V. von Herzog Heinrich I. Graf von Limburg und Herzog von Niederlothringen, niedergebrannt wurde, damit sie nicht in gegnerische Hände fiel. Die nächste urkundliche Nennung der Anlage anlässlich der Erhebung der Burgkapelle zur Pfarrkirche stammt von 1130.

1195 wurde die Herrschaft geteilt; dies ist auch die erste Nennung eines Geschlechtes derer von Reifferscheid. Reifferscheid war zu dieser Zeit unmittelbare Reichsherrschaft im Spannungsfeld zwischen Köln, Trier, Jülich und Luxemburg. Friedrich von Reifferscheid erwarb 1263 das Bürgerrecht der Stadt Köln und stand bei der Schlacht von Worringen 1288 gegen den Erzbischof von Köln. Johann V. von Reifferscheid (1358 bis 1418) geriet auf Grund seiner Politik und seiner Straßenräuberei in Konflikt mit den umliegenden Mächten. Dies führte dazu, dass 1385 die Städte Köln und Aachen, der Erzbischof von Köln, der Bischof von Lüttich, der Herzog von Jülich und die Herzogin von Brabant Reifferscheid belagerten. Diese Belagerung, auf die unten näher eingegangen werden soll, dauerte ca. drei Monate. Burg und Freiheit Reifferscheid hatten bereits damals wahrscheinlich ihren heutigen Umfang.

Als Folge angeblich fortdauernder Überfälle und »Raubrittertums« der Reifferscheider entschlossen sich die im Rhein-Maas-Raum im Landfrieden verbündeten Herren und Städte, den Rechtsfrieden durch die Belagerung der Burg des Unruhestifters zu wahren. Diese Belagerung von 1385 ist urkundlich gut belegt und zwar sowohl in den Chroniken als auch insbesondere in den Aachener Stadtrechnungen, den Briefen des Aachener Kontingentes an ihren Rat und den Urkunden des Kölner Erzbischofs.

Die chronikalischen Erwähnungen sind nicht sehr ausführlich und sollen an dieser Stelle kurz aufgeführt werden.

Die *Chronique liègeoise* de 1402 führt aus:

*Anno Domini MCCCLXXXV, in augusto, obsessum est castrum domini de Rivesede a dominis Coloniensi, Treverensi, duce Juliacensi et ab Aquensibus et etiam a domino Leodiensi quia ipse capiebat super omnes eciam super episcopatum Leodiensem. Preseverantibus dominis in obsidione, tandem castrum fuit redditum in manu locumtenentis regis Alemannie et aliorum dominorum obsidentium sub quibusdam condicionibus et quod captivi debebant exire liberi ex utraque parte.*

In der *Chronicon Episcoporum Coloniensium* des Jakob von Soest heißt es:

*Anno domini Fryderici 15., domini 1385 fuit obsessum castrum Ryperscheyt.*

Die *Münstereifeler Chronik* berichtet:

*Anno domini MCCCLXXXV lach men vur Rijfferscheit waille IX wechen ind en wart doch neit gewunnen.*

Die *Koelhoff'sche Chronik* schließlich vermerkt zum Jahre 1385:

*In dem vurß iair up den fridach nae sent Laurencius dach wart belacht van dem lantfreden dat slos van Rifferscheit unde wart upgegeven in des roemschen koninks hant.*

Die 1402, also nur kurze Zeit nach der Belagerung von Reifferscheid verfasste *Chronique liègeoise* schildert die Umstände am ausführlichsten, während der um 1420 entstandene *Chronicon Episcoporum Coloniensium* sowie die 1499 entstandene *Koelhoff'sche Chronik* die Tatsache nur kurz vermerken. Der Chronist der vermutlich um die Mitte des 15. Jahrhunderts verfassten *Münstereifeler Chronik* scheint zwar als Einziger so gut informiert zu sein, dass er die Dauer der Belagerung mit neun Wochen angibt (in Wirklichkeit 67 Tage), aber doch entgegen den urkundlich verbürgten Tatsachen behauptet, Reifferscheid sei nicht eingenommen worden. Letztlich wird man aufgrund des Zeitabstandes von nur 15 Jahren seit der Belagerung aber zumindest der *Chronique liègeoise* einen hohen Quellenwert beimessen dürfen.

Am 10. August 1385 brach der Erzbischof von Köln von Godesberg aus mit seinen Truppen zur Belagerung von Reifferscheid auf und urkundete bereits am 11. August vor Reifferscheid. Besonders ist hier auf die Actumszeile »Gegeiven in dem velde vur Riifferscheit 1385« hinzuweisen, die auf ein noch unbefestigtes Feldlager hindeutet.

Auch das Kontingent der Stadt Aachen brach am 10. August 1385 gen Reifferscheid auf, und nachdem sie die Nacht in Nideggen (bzw. der Tross in Vlatten) verbracht hatten, erreichten sie am 11. August gegen 16 Uhr ihr Ziel, wo sie auf die anderen Verbündeten des Landfriedens trafen, namentlich den Erzbischof von Köln, den Bischof von Lüttich, den Herzog von Jülich, den Vertreter des Königs, Potho von Castolowitz und die Abgesandten der Stadt Köln, die alle gesonderte Lager aufschlugen. Anhand der Aachener Rechnungen scheint es sich bei diesen Lagern vorerst nur um Zelte gehandelt haben.

Da der Herzog von Geldern eine Sühne vermitteln wollte, der Herzog von Jülich diesem Gedanken nicht abgeneigt schien, und auch die übrigen Verbündeten ihre im Landfriedensabkommen vertraglich festgelegten Pflichten nur sehr widerwillig zu erfüllen bereit waren, zog sich die Belagerung hin. Am 14. August 1385 beklagten sich die »Raißlude van Aychen«, dass bis zu diesem Zeitpunkt einzig ihre Blide aufgerichtet sei. Dass zwischen den Belagerern keineswegs Einmütigkeit herrschte, wird ferner daran deutlich, dass das Aachener Kontingent nicht nur Instruktionen vom Rat der Stadt Aachen erbat, wie sie sich im Falle von Verhandlungen verhalten sollten, sondern dass sie sogar Pferde und Wagen zurückhielten (statt sie wieder nach Aachen zu senden), um bei einem eventuellen Abzug der Verbündeten nicht mit ihrem Gerät hilflos zurückzubleiben!

Trotzdem berichten uns die Quellen von blutigen Zwischenfällen, die nahezu kurios anmuten und den Schluss zulassen, dass bei dieser Belagerung mitnichten davon ausgegangen werden kann, dass Burg Reifferscheid hermetisch von der Außenwelt abgeriegelt worden war.

Am 20. August 1385 zog eine Abordnung der Belagerer vor die Burg und forderte Johann von Reifferscheid auf, Urfehde zu schwören und die Burg in die Hände des Königs zu übergeben. Dieser antwortete jedoch nur, dass er sich lieber an die Tore seines Schlosses hängen ließe, als dass er und die Seinen das täten.

Aus einem Schreiben der Aachener an ihren Rat vom 21. August geht hervor, dass daraufhin, nachdem nun also feststand, dass mit einem schnellen Ende der Belagerung nicht zu rechnen war, Verschanzungen auf Seiten der Belagerer aufgeworfen wurden:

> *Dort so duent die herren eyn huys machen, der man ouch me machen sal, die man opsloin sal in den grunden vur ind umb dat huys.*

Hier sollen einige Posten der Aachener Stadtrechnung angeführt werden, soweit sie die Errichtung der Belagerungsstellung betreffen:

> *It. die Walen van Luytche van yren wercke ind graven 157 gul. vl. 588 m. 9 s.*
>
> *It. die buscher du man dat steckate magde ind die hoerde umbt huys ind boeme ze vellen 8 van Monyauwen ind 8 van Oepen ind ander, die wir by uns hadden, die eyne quomen die ander gingen, so ze 5 s., so ze 4 s. summa 92 m. Coels, ind waren in der burgermeister kost vl. 99 m. 8 s.*
>
> *It. du man des buschoffs huys magde vur unsen her, du waren die vurlude, die dat holz vurten, wail 60 wain ind up den buysche hoelden ind aint huys vurten, nomen ain Jo. van den buysche, des man nyet geheischen in kunde, 30 m. 10 ½ s. Coels vl. 33 m. 4 ½ s.*

Dass die Belagerer in ihrem »Haus« auf Annehmlichkeiten nicht verzichten wollten, lässt sich belegen an den Kosten »um colen unsen heren in yr huys«.

Ferner war am 21. August 1385 neben der Aachener Blide auch eine Blide des Jülicher Kontingents im Einsatz, doch »so haven die herren nyet yr gezal van luden noch van werken, als sii billich haven sulden nae inhalt des reces«, es fehlte also an Bedienungsmannschaften und weiteren Geräten. Bemerkenswert ist, dass dem Aachener Kontingent bereits zu diesem Zeitpunkt die Blidensteine ausgingen, es in der näheren Umgebung keine geeigneten Steinbrüche gab und man sich aufgrund der feindlichen Umgebung nicht traute, selbige aus Nideggen heranzuschaffen, so dass der Herzog von Jülich die Lieferung von Geschossen zusagen musste.

Während sich die Belagerung auch im September hinzog, schrieben Aachener Bürger von der Messe aus Frankfurt an ihren Rat, dass das Gerücht (welches sich letztlich als haltlos erwies) umging, dass Johann von Reifferscheid 500 Mann zum Entsatz angeworben habe.

Am 11. Oktober 1385 kam schließlich eine Sühne zustande, als Johann von Reifferscheid den Forderungen der Angreifer weitestgehend nachkam. Eine Regelung, was mit dem von den Belagerern errichteten »Haus« geschehen sollte, wurde nicht getroffen.

Abgesehen von den bereits oben angeführten Erwähnungen der Bliden in den Schreiben des Aachener Kontingentes an den Rat der Stadt und die Probleme, genügend Munition für selbige heranzuschaffen, können aus der Rechnung der Stadt Aachen über die Belagerung (»Ditz die cost der uyssvart van Riifferscheit«) weitere Einzelheiten erschlossen werden:

Die Blide wurde vor Beginn der Belagerung in Aachen aufgebaut, danach wieder abgebaut und auf Wagen verladen:

*Primo, du man die blide up sluych in der burger gras, rechent meister Prossioin umb holz 32 m. 10 s. Item 12 gesellen zymmerluden yder 5 dage ze 10 s. ind Prossioin ze 12 s. val. 51 m. 8 s. It. Die blide du ze stunt affzeleegen ind ze laden up die wane, 12 zimmerluden eynen dach, yder ze 12 s. val. 12 m ind widder aff zu leegen ind in zu legen 12 m.*

Eigens erwähnt sind die »gemyede wain, die die blide vurden ind ander gereyde«, immerhin 14 Wagen mit zusammen 61 Pferden. Die zwölf oben erwähnten Zimmerleute begleiteten ihren Meister und die Blide vor Reifferscheid.

Letztlich trug die Stadt Köln die Hälfte der Kosten der Aachener Blide:

*It. Dis geit aff, die halve blide die kost der van dat geboer der stat van Coelne, summa yr gebuyr 1127 m. Coels, macht ain gul. 338 gul. ind 4 s.*

Doch auch die noch verhältnismäßig neuartige Erfindung der Pulverwaffe fand bei dieser Belagerung nachweislich Verwendung: Die ersten Feuerwaffen wurden in Aachen 1346 erwähnt, danach sind zwar für das 14. Jahrhundert keine ausdrücklichen Nennungen mehr bekannt, und auch der »bussenmeister Roerderchiin«, der Büchsenmeister, war nachweislich nicht nur für die Pulvergeschütze des Stadt zuständig. Doch aus den Rechnungen für die Belagerung ergibt sich zweifelsfrei die Herstellung und Benutzung von Pulver:

*It. Roederchiin eyrstwerff, ee man uyssfur umb leedern secke, lindenholz zinen, da man man dat kruyt in magde, ind den kneichten, die hulpen dat kruyt machen, dat kost samen 34 m. 8 s.*

*It. du Roederchiin eirstwerff heym quam myt den 4 wanen myt 16 perden, verzerde hee myt den wanen so up den wege, so hie heym, sy waren uyss 5 dage, ind ander gerede dat hee galt ind myt sich vurt 59 m. 6 s.*

*It. du Roederchiin lestwerff heym quam me kruytz machen ind die lunen magde, galt hee gereitschaff ind loynde den kneichten, die eme hulpen, ind dat hee galt zu Riifferscheit buyssensteine, piile, bli zu schiessen, smede kolen, ind die kost eme ind sinen kneichten die ziit, macht zusamen 57 m 2 s.*

*It. umb bly zen buyssen 5 gul. et 3 m.*

*It. meister Rutten umb yseren werck zer bliden, buyssen ind tenten 43 m. 4 s. Eysche.*

So, wie Meister Roederchiin offensichtlich nach Aachen zurückkehren musste, um Nachschub an Pulver (»Kraut«) herzustellen und zu holen, so hatte sich die Stadt Aachen auch bezüglich der Munition sowohl der Bliden als auch der Büchsen verrechnet, behielt jedoch am Ende noch eine kleine Anzahl an Geschossen über:

*It. kosten die blidesteyne ind buyssensteyne, der was blidesteyne 280, ind bussen 109, kosten zu brechen dat stuc 3 s. ind zu rumen summa 97 m. 3 s. Coels vl. 105 m. 4 s.*

*It. kosten die blidesteyne ind buyssensteyne zu vuren van Nydeggen zu Ryffersch. alwege 9 steyne zu 7 m. Coels, summa 302 m. 4 s. Coels vl. 90 gul. 26 s. vl. ayn Eyschen gelde 340 m.*

*It. Roederchiins gezauwe ind Jo. zielbeckers ind die blidesteyne beym zu vuren van Monyauwen 21 m. Coels. Vl. 22 m. 9 s.*

Nicht abschließend zu klären ist die Tatsache, weshalb zwar die Kosten des Transportes der Blide in detaillierter Form abgerechnet wurden, über den eventuellen Transport der Geschütze in den Rechnungen jedoch kein Wort verloren wurde, obschon diese eine nicht unerhebliche Anzahl an Fuhrwerken in Anspruch genommen haben dürften.

Dass es auch seinerzeit in einem Kriegslager nicht ohne den gehörigen militärischen Pomp zuging, zeigen Rechnungsposten zum einen für die Ausschmückung des Lagers und der Geräte und zum anderen Kosten für Musikanten (»Vreymden pyfferen ind eralden«):

*It van wympelen zu machen ind zu moelen ind schilden up die tenten ind up die wane der schutzer, der soldeneir, der vitalien, der werke 15 m 4 s.*

Aufgrund der sehr detaillierten Überlieferung ist es möglich, sich eine Vorstellung nicht nur von dem Aufwand zu machen, den eine Belagerung regelmäßig verursacht hat, sondern auch von dem recht bunten und aufwendigen Lagerleben der Belagerer.

Bezeichnend am Ausgang dieser Belagerung ist letztlich, dass es trotz des großen Aufgebots der Belagerer nicht gelang, die Burg einzunehmen oder auch nur so zu beschädigen, dass dies urkundlich belegt wäre, sondern dass Johann von Reifferscheid letztlich allein aufgrund der Aussichtslosigkeit seiner Lage aufgegeben und einem recht milden Frieden zugestimmt hatte.

# Burg Hattstein/Taunus

Die geringen Überreste der Burg Hattstein befinden sich im Taunus, nördlich des Feldberges und etwa 1 km südlich der Ortschaft Schmitten (Abb. 104). Die kleine Hauptburg befindet sich auf einem steil aufragenden Felsen, während südlich die Vorburg vorgelagert ist, welche durch einen imposanten Halsgraben von etwa 25 m Breite vom stark ansteigenden Hang getrennt ist. Archäologische Untersuchungen haben dort nicht stattgefunden, und die geringen Mauerreste erlauben auch keine Rekonstruktion der Burganlage mehr.

Die Burg Hattstein wurde im Verlauf ihrer Geschichte mehrfach belagert – wenn man nur die gesicherten Belagerungen und Erstürmungen betrachtet, so wurde die Burg allein im Mittelalter sechs Mal Opfer kriegerischer Akte: 1379, 1393, 1429, 1432, 1462 und 1467.

Über die Ereignisse des Jahres 1379 berichtet die *Limburger Chronik*:

Abb. 104 Mauerreste der Burgruine Hattstein

> *Item da man schreip 1300 unde nun unde sibenzig jar da lag her Cone erzebischof zu Trire vur Hatz-*
> *stein mit hilfe der stede von Menze, Frankenfurt unde von Limpurg. Unde gewan her Cone vurgenant*
> *daz binnen virzen dagen, also daz si sich uſgaben unde gingen in hant. Unde ist daz zu ewigen dagen*
> *des vurgenanten stiftes underseße, ir uffin huis.*

Weitere Nachrichten, die Aufschluss über den Ablauf der Kampfhandlungen geben, die insgesamt scheinbar 14 Tage gedauert haben, sind leider nicht bekannt, doch dass es zu Kampfhandlungen gekommen sein muss, kann aus dem Verlust von drei Pferden des Hanauer Auf-
gebotes geschlossen werden.

Besser stellt sich die Quellenlage hinsichtlich der erfolglosen Belagerung des Jahres 1393
dar:

> *Item in dem selben jare vurgeschreben [1393] da zog daz riche unde der bischof von Menze, die stat von*
> *Menze unde di von Frankenfurt vur Hatzstein, unde lagen echte dage darvur unde zogen wider darvon.*
> *Unde hatten di stede große bossen, der schoß eine siben oder echte centener swere. Unde da gingen di*
> *großen bossen an, der man numme gesehen enhatte uf ertrich von solicher große unde von swerde.*

Die Geschütze schossen also Kugeln von (angeblich) sieben oder acht Zentner Gewicht,
und derart große Geschütze hatte man auf Erden vorher noch niemals gesehen, so berichtet
der Chronist. Dass diese Geschütze bereits während der kurzen Belagerung Beschädigungen
an der Burg verursacht haben müssen, belegt eine Mitteilung der Frankfurter Ratsherren:
»[...] und visset auch daz man mit den Bußen, die man itzund hat, dicke und feste durch das
hus schißet [...]« – man schoss also »durch das Haus«! Umso auffälliger ist, dass trotz des
enormen logistischen und finanziellen Aufwandes, den das Heranschaffen und der Einsatz
der großen Büchsen bedeutet, die Belagerung bereits nach acht Tagen erfolglos abgebrochen
wurde, noch dazu wenn man bedenkt, dass für diese Belagerung eine große Büchse neu ge-
gossen wurde, die allerdings bereits nach kurzem Einsatz zersprang. Die Nutzung wenigstens einer Blide kann aus der Anforderung von Büchsen- und Blidensteinen durch die Belagerer erschlossen werden.

Zu dieser Belagerung der Burg Hattstein führte allein die Stadt Frankfurt unter anderem
60 Schützen, 38 Karren Ausrüstung und eine große Büchse heran. Dazu heißt es in einem
Schreiben der Frankfurter Ratsherren, »wand der Geczog von Geschirr gar gros waz, daz wir
von morgen biz nacht kune ein Virteilmile geczichen konden, wand wohl tusend wagen und
karren sin oder mer« – dass also der Wagenzug so groß war, dass man von morgens bis
abends gerade eine Viertelmeile vorankam. Gesteigert wurden die enormen Kosten der Angreifer noch dadurch, dass eine Mainzer Büchse zerbrach. Der erfolglose Abbruch der Belagerung ist letztlich wohl auf ein schwerwiegendes politisches Zerwürfnis zurückzuführen, da

die mit den Belagerern verbündeten Falkensteiner die Burg trotzdem mit Lebensmitteln versorgten und schließlich die Belagerer verließen, weil die Hattsteiner Burgmänner der Falkensteiner und mit ihren Helfern verwandt seien.

Die Ereignisse des Jahres 1429 sind insofern bemerkenswert, als die Stadt Frankfurt von einem zum Tode verurteilten Knecht der Ganerben von Hattstein erfuhr, wie man die Burg erobern könne und wo ihre Schwachstellen lagen. Ein daraufhin unternommener Sturmversuch führte zwar zur Einnahme der Vorburg, aber ein Entsatzangriff eines Hattsteiner Pfandinhabers hatte das Scheitern des Angriffs zur Folge; eine förmliche, sich daran anschließende Belagerung ist nicht überliefert.

Bereits 1432 kam es erneut zu einer – diesmal erfolgreichen – Belagerung der Burg: Noch am Tag der Aushändigung der Fehdebriefe, dem 2. August 1432, wurde Burg Hattstein von einem der verbündeten Angreifer mit 50 Reisigen und 40 Fußgängern berannt und von der Außenwelt abgeschnitten. Über die Zahlenstärke der Belagerer heißt es, dass der Erzbischof von Mainz 50 Reisige und Fußsoldaten, meistens Schützen, sendete, sodann 4 000 Pfeile; der Herr von Isenburg schickte 20 Reisige und 50 Fußsoldaten; Frankfurt, unter Anführung des Hauptmanns Gerlach von Londorf, 50 gewappnete Reisige und 60 zu Fuß mit Handbüchsen und Armbrüsten. Des Weiteren führten sie noch ein Fass mit Pfeilen und zwei oder drei Kammerbüchsen mit sich. Am Sonntag, dem 3. August früh morgens, ehe die Sonne aufging, stand die gesamte Mannschaft vor dem Schloss und erstürmte es. Danach fanden sich auf der Burg zwölf Handbüchsen, zwei Darressenbüchsen, 6 000 Klosser, 3 000 Pfeile und sechs Armbrüste.

Die Konflikte der Jahre 1462 und 1467 scheinen nur kurze Episoden gewesen zu sein, da es von der Belagerung 1462 heißt, dass Königsteiner erfolglos versuchten, die Burg durch eine List zu nehmen (aber erneut – wie bereits 1429 – nur die Einnahme der Vorburg gelang), und 1467 handelte es sich um eine reine Überrumplungsaktion.

So wenig beeindruckend und klein die Burg Hattstein dem heutigen Besucher vorkommen mag, so sehr stand sie also doch im Zentrum einer Vielzahl von militärischen Angriffen.

# Schauenburg

Die Reste der Schauenburg befinden sich oberhalb der Stadt Dossenheim an der Bergstraße im nördlichen Baden-Württemberg. Die ergrabenen Reste der ersten Anlage der Burg lassen auf eine Errichtung in der ersten Hälfte des 12. Jahrhunderts schließen, was sich mit einer ersten Erwähnung eines Gerhard von Schauenburg in Verbindung bringen lässt.

Nach dem Aussterben der Schauenburger bald nach 1277 und dem Verkauf der Burg an Kurpfalz im Jahre 1303 gab König Ludwig »der Bayer« die Burg 1319 an das Erzbistum Mainz. Die heute noch sichtbaren Ruinen entstammen erst der Mainzer Zeit, da die Burg ab der Mitte des 14. Jahrhunderts ausgebaut wurde, wobei Baumaßnahmen auch für das zweite Viertel des 15. Jahrhunderts noch angenommen werden dürfen.

Als es 1460 zum Ausbruch offener Feindseligkeiten zwischen Kurfürst Friedrich dem Siegreichen und dem Erzbischof von Mainz kam, galt Friedrichs erster Angriff der Schauenburg, da das Amt Dossenheim eine mainzische Enklave in unmittelbarer Nähe der pfalzgräflichen Residenzstadt Heidelberg war.

Die Schauenburg befindet sich nördlich des alten Ortskerns von Dossenheim. Aufgrund des im 19. und 20. Jahrhundert in großem Stile erfolgten Steinbruchbetriebs lässt sich die ursprüngliche Topographie der Burg auf einem Sporn einer Vorhöhe des Odenwalds nur mehr äußerst schwer erfassen.

Wegen der Steinbruchtätigkeit sind von der Vorburg nur noch geringe Reste vorhanden, doch hat sich die äußere Toranlage noch in Resten erhalten. Diese bestand aus einer auf steinernen Pfeilern über den Halsgraben geführten Brücke, an deren Ende sich scheinbar eine Zugbrücke befunden hat. Die innere Toranlage lässt sich heute nicht mehr rekonstruieren. Die Kernburg wird komplett von einer Zwingermauer umschlossen, welche allerdings im Osten, im Bereich des äußeren Tores, schwächer ausgeprägt ist. An der Ost- und Nordwestseite weist die Kernburg eine starke Schildmauer auf, in deren nördlicher Spitze, dem ansteigenden Hang des Ölberges gegenüberliegend, der Bergfried eingestellt ist. An der Innenseite der Ringmauer haben sich Reste steinerner Innenbauten erhalten. Da die Burg nach der Belagerung von 1460 nicht mehr wieder aufgebaut wurde, geben die heute noch bestehenden Reste einen guten Eindruck von der Ausdehnung der Anlage, die von Friedrich dem Siegreichen belagert wurde.

Im Bereich der Schauenburg lassen (bzw. ließen) sich einige materielle Überreste und Belege der Belagerung von 1460 feststellen: Zum einen ist hier eine Anzahl steinerner Bliden- und Geschützkugeln anzuführen, welche vom Beschuss der Burg herrühren müssen, deren genaue Fundumstände jedoch nicht dokumentiert wurden, und deren Größe und Gewicht leider ebenfalls nicht bekannt sind.

Bedeutsamer jedoch ist zum anderen eine Wallanlage auf dem Sporenberg, welche sich etwa 400 m südöstlich der Schauenburg befand. Es handelte sich um eine rechteckige Anlage mit abgerundeten Rändern und ca. 30 x 40 m Ausdehnung. Zu Beginn des 20. Jahrhunderts waren die Wälle, denen teilweise Gräben vorgelagert waren, noch bis zu 1,35 m hoch erhalten. Der Eingang der Anlage, welche keine Innenbebauung aufgewiesen zu haben scheint, befand sich im Südosten. Diese Schanze, von der keine weiteren Angaben bekannt sind, ist auf älteren Landkarten noch verzeichnet und mitsamt dem Bergrücken in den 1960er Jahren dem Steinbruchbetrieb zum Opfer gefallen. Aufgrund der Entfernung und der Art der Anlage, zu der es keine schriftliche Überlieferung gibt, kann man eine Belagerungsstellung vermuten, welche in Ermangelung anderer Belagerungen der Schauenburg mit den Ereignissen von 1460 in Verbindung zu bringen sein dürfte.

Der zeitgenössische Chronist Matthias von Kemnat berichtet Folgendes über die Belagerung: Nachdem Markgraf Albrecht, der Erzbischof von Mainz, der Graf von Württemberg und Herzog Ludwig von Veldenz grundlos Feinde des Pfalzgrafen geworden waren, zog Friedrich der Siegreiche persönlich mit einem Heer und Geschützen vor die Schauenburg, eine starke, ausreichend mit Verteidigern und Proviant versehene Burg. Die Burg wurde Tag und Nacht hart bedrängt, und die Angreifer konnten durch die Vorburg an das Tor vorrücken. Daraufhin gaben die Verteidiger auf, 18 Reisige und 30 Schützen, welche »one alle gnade« gefangen genommen wurden, ohne dass erläutert würde, was damit konkret gemeint ist. Kemnat nennt als Tag der Einnahme der Burg den Sonntag Quasimodogeniti, also den 20. April 1460, nach einer Dauer der Belagerung von acht Tagen.

Ähnlich schildert auch sein Zeitgenosse Michel Beheim die Ereignisse: Friedrich zog persönlich mit einem großen Heer mit »gezeug«, gemeint ist Ausrüstung, mit Büchsen und Geschossen, also verschiedenen Kanonen, vor die Schauenburg, welche gut mit Verteidigern besetzt und mit Proviant versorgt war. Nachdem Friedrich begann, die Burg zu belagern, sich in ihrem Vorfeld verschanzt hatte und sie durch Angriffe und Beschuss »nötigte«, konnten die Angreifer die Vorburg erobern, und als sie sich vor dem Burgtor befanden, gaben die Verteidiger auf. Als solche befanden sich in der Burg 23 Reisige und 31 Schützen, die »an gnad gangen was«, die also ohne Gnade behandelt wurden«, wobei offen bleibt, ob hiermit Gefangenschaft oder Hinrichtungen gemeint sind. Die Dauer der Belagerung gibt Beheim mit acht Tagen an und nennt den Sonntag Quasimodogeniti, also den 20. April 1460 als Tag der Eroberung. Anschließend sei die Burg niedergerissen und ausgebrannt worden.

Etwas anders hört es sich dann in der *Speirer Chronik* an: Pfalzgraf Friedrich sei am Ostermittwoch, dem 16. April 1460, vor die erzbischöflich mainzische Burg gezogen, welche er innerhalb von fünf Tagen erobert habe, als die Verteidiger aufgaben. Die Zahl der Verteidiger gibt der Chronist mit etwa 60 an, welche mit großen Lebensmittelvorräten und vielen Büchsen gut versorgt waren. Diese Vorräte ließ Friedrich genauso nach Heidelberg schaffen wie die Baumstämme eines Waldes im Vorfeld der Burg, den er abholzen ließ. Anschließend ließ der Pfalzgraf die Burg schleifen, doch war die Zerstörung nach sechs oder sieben Wochen noch nicht vollendet, so dass das Holzwerk der Burg in Brand gesetzt wurde.

Vergleicht man die chronikalische Überlieferung, so fallen die abweichenden Angaben über die Dauer der Belagerung ins Auge, welche sich aber eventuell dadurch erklären lassen, dass der Beginn bei den einzelnen Chronisten unterschiedlich angesetzt wird, also einerseits mit dem Beginn einer formellen Belagerung und Einschließung der Burg und andererseits mit dem Beginn eventueller Plünderungen in den zur Schauenburg gehörigen mainzischen Besitzungen. Einigkeit besteht jedenfalls an der Aufgabe der Verteidiger am Sonntag, den 20. April 1460.

Die Chroniken von Kemnat und Beheim sind die einzigen, die Details zu den eigentlichen Kampfhandlungen liefern. Sie beschreiben übereinstimmend, dass Friedrich persönlich den Zug vor die Schauenburg begleitete, worüber leider keine weiteren Belege existieren, und mit Heereskraft, »gezeug« und Geschützen vor die Burg rückte. Sodann beschreiben beide, dass er scheinbar die Vorburg eingenommen hatte und nun das Tor direkt angriff, wobei die Formulierung Minierarbeiten vermuten lassen könnte. An diesem Punkt schienen die Verteidiger die Aussichtslosigkeit ihrer Lage eingesehen zu haben und gaben auf, obwohl sie mit Waffen, Munition und Verpflegung gut versorgt waren.

Die Verteidiger, deren Zahl – von leichten Abweichungen abgesehen – die Chronisten alle mit etwa 20 Reisigen und 30 Schützen bzw. 60 Verteidigern angeben, wurden »one alle gnade« gefangen genommen, ohne dass aber von Hinrichtungen explizit berichtet würde.

Im Anschluss wurde die Burg geschleift, wobei dies offenkundig einen nicht unbeträchtlichen Aufwand erfordert hat, die Zerstörung einer Burg also ein durchaus personal-, zeit- und kostenintensiver Vorgang gewesen ist. Es kann aufgrund der Kenntnisse über den Hintergrund der Entstehung der *Speirer Chronik* vermutet werden, dass gerade die wirtschaftliche Details betreffenden Angaben, und dazu gehören eben auch die Kosten und der Aufwand der Zerstörung der Schauenburg, aus Akten oder Urkunden entnommen und daher relativ zuverlässig sind. Der bis zu Beginn des 20. Jahrhunderts noch vorhandene, aus dem Mittelalter überkommene Baubestand der Burg, die nach der Belagerung nie wieder aufgebaut und genutzt wurde, unterstützt jedoch eindrucksvoll die Annahme, dass der durch die Abbruchmaßnahmen Kurfürst Friedrichs an den Burgmauern angerichtete Schaden als eher gering einzustufen ist.

# Bockenheim

Die heutige Gemeinde Bockenheim an der Weinstraße, Landkreis Bad Dürkheim, ist 1956 durch die Vereinigung der beiden Gemeinden Groß- und Kleinbockenheim entstanden. Die ursprüngliche topographische Situation mit zwei etwa 500 m voneinander getrennten Orten kann noch auf Landkarten aus der ersten Hälfte des 19. Jahrhunderts anschaulich nachvollzogen werden.

Seit der Mitte des 13. Jahrhunderts handelte es sich um ein Reichslehen der Grafen von Leiningen, wobei allerdings auch das Kloster St. Maria in Wadgassen Rechte im Oberdorf besaß. Um 1410 geltend gemachte kurpfälzische Ansprüche konnten nicht durchgesetzt werden.

Im nördlich gelegenen Kleinbockenheim scheint es keine Dorfbefestigung gegeben zu haben, allerdings war das erhöhte Gelände um die Kirche stark befestigt: Die heute noch in größeren Teilen vorhandene Ringmauer aus Bruchsteinmauerwerk ist im Norden und

Westen des Kirchenareals bis zu 5 m hoch erhalten, wobei der Zeitpunkt einer als gesichert anzunehmenden Aufhöhung derselben nicht klar ist. Rundtürme mit Schlüssellochscharten im östlichen Mauerabschnitt dürften wohl noch dem 15. Jahrhundert entstammen, während die stumpfwinkligen Flankierungstürme mit Rechteckscharten sowie der mächtige Turm an der Südwestecke eher dem 16. Jahrhundert zuzurechnen sind, als es mehrfach zu Baumaßnahmen an der Befestigung kam.

In diese Befestigungen war offensichtlich auch der Kirchturm der heutigen evangelischen Pfarrkirche einbezogen, der jedoch ursprünglich zur 1833 abgerissenen Liebfrauenkirche gehörte. Der quadratische, vierstöckige Turm entstammt in seiner Substanz dem späten 13. oder 14. Jahrhundert, wobei der heutige Zinnenkranz vermutlich nur eine 1518 ausgeführte Erneuerung eines Zinnenkranzes ist, der bereits vorher bestand. Dass diesem Turm im Zusammenhang mit der Belagerung des Jahres 1460 eine herausragende Rolle zukommt, ergibt sich neben den Schriftquellen auch aus einer im dritten Geschoss befindlichen Inschrift:

*Ano-dom-1-4-6-0-ist-disé-torn-zv-broché-wordé-fvr-sant-vlrichs-dag-+Ano-dó-1-5-1-8-ist-diesertorn-widé-gemacht-dis-zit-niclas-Ebeler eí schvlt´s-hans////-˝*

Auch für das südlich gelegene Großbockenheim ist keine Dorfbefestigung gesichert. Lediglich der erhöht gelegene Friedhof war mit einer hohen Umfassungsmauer umgeben. Da bauhistorische und archäologische Untersuchungen fehlen, können keine weiteren Angaben zur Zeitstellung gemacht werden, doch kann man aufgrund der Schilderungen bei Matthias von Kemnat und der allgemeinen Tendenz zur Befestigung von Kirchhöfen im 15. Jahrhundert davon ausgehen, dass auch in Großbockenheim bereits zur Zeit der behandelten Belagerungen eine Friedhofsbefestigung bestand.

Einen weiteren Hinweis auf vermutlich auf die Belagerungen zurückzuführende Schäden gibt die Tatsache, dass der leiningische Dorfschultheiß beim Grafen Emich von Leiningen Klage führen musste, dass der Ort noch 1501 unbefestigt offen lag, und der Vogt des Klosters Wadgassen neue Ausbrüche in der Mauer anlegen und die Gräben einebnen ließ.

Der Chronist Matthias von Kemnat schildert die erste Belagerung Bockenheims lediglich im Kontext des Gesamtkonflikts und der Schlacht von Pfeddersheim: Pfalzgraf Friedrich der Siegreiche zog bei seiner Unternehmung gegen den Erzbischof von Mainz, Herzog Ludwig von Veldenz und den Grafen von Leiningen vor Bockenheim, »die vast wol besetzten vesten flecken«, womit also Groß- und Kleinbockenheim gemeint sind, welche beide befestigt und gut verteidigt waren. Als dem Pfalzgrafen berichtet wurde, dass seine Feinde mit ihrer Wagenburg bis Pfeddersheim gekommen waren, zog er diesen entgegen. Auch ein zweiter Chronist, Michel Beheim, liefert in seinem Bericht die gleichen Angaben.

Detaillierter ist jedoch, was in der sogenannten *Speirer Chronik* notiert wurde: Der Chronist spricht zu Beginn einmal explizit von »Clein-Bockenheim« und später pauschal nur noch von »Bockenheim«. Am 24. Juni 1460 zog Friedrich vor Bockenheim, wobei er vom Landgrafen von Hessen, Junker Ludman von Lichtenberg und »vil graffen« unterstützt wurde. Sein Heer bestand aus 2 000 Pferden, was vermutlich mit Reitern gleichzusetzen sein dürfte, 12 000 Bewaffneten, 300 Schweizer Söldnern und 800 bis 900 Wagen, auf denen sich Gerät für Schanzarbeiten befand. Der Pfalzgraf verschanzte sich in einer scheinbar mit Wall und Graben gesicherten Wagenburg und auch die Verteidiger hatten ihr Bollwerk und ihren Graben »wol zu were gemacht«, also scheinbar ebenfalls provisorisch verstärkt. Die Verteidiger fügten dem Pfalzgrafen durch ihre Schützen großen Schaden zu, insbesondere vom Kirchturm aus. Der intensive Beschuss durch die Angreifer führte zu keinem Ergebnis, und die Verteidiger konnten sogar von ihren Verbündeten mit Lebensmitteln und Waffen versorgt werden. Daraufhin ließ Friedrich eine große Büchse heranführen, mit deren Hilfe er »den kirchthorn wol halber abe« schoss und das Kirchdach beschädigte. Ferner wird von Plünderungen durch die Schweizer Söldner berichtet, welche insbesondere in den Weinbergen große Schäden anrichteten. Der Abzug Friedrichs aufgrund der nahen Feinde wird für den 4. Juli 1460 angenommen, und später heißt es, dass im Heer vor Bockenheim 1 400 Fuder Wein getrunken wurden.

Diese Angaben werden im Großen und Ganzen von Eikhart Artzt in seiner Chronik von Weissenburg bestätigt: Friedrich rückte am Abend des 23. Juni 1460 mit dem Bischof und der Stadt Speyer, seinem Vetter Herzog Friedrich und dem Landgrafen von Hessen mit 800 Pferden und vielen Rittern und Knechten vor beide Orte und schlug dort eine mit Gräben umgebene Wagenburg auf. Die Pfalzgräflichen erlitten großen Schaden, da sie auf eine große Anzahl von Verteidigern mit Geschützen oder zumindest Feuerwaffen trafen. Sodann zählt Artzt Friedrichs Widersacher auf, die mit großer Heeresmacht bei Pfeddersheim eine Wagenburg aufgeschlagen hatten. Nachdem er das erfahren hatte, zog Friedrich am St. Ulrichstag, also dem 4. Juli 1460, ab.

Auch wenn Kemnat und Beheim nur relativ knappe Berichte liefern, werden die Geschehnisse doch aufgrund der großen Übereinstimmungen und der baulichen Befunde am Kirchturm in Kleinbockenheim, welche die Glaubwürdigkeit der *Speirer Chronik* stützen, relativ klar: Am Abend des 23. oder am 24. Juni 1460 zog Friedrich mit einem großen Aufgebot aus Reitern, Bewaffneten, Schweizer Söldnern und Wagen vor die beiden Orte Bockenheim, um diese anzugreifen; die tatsächliche Stärke seines Heeres dürfte kaum mehr festzustellen sein. Offensichtlich rechnete er mit einer längeren Belagerung, da er umgehend eine Wagenburg errichten und diese durch Schanzarbeiten verstärken ließ. Sodann kam es zu intensiven Kampfhandlungen unter Einsatz von Feuerwaffen und Geschützen, in deren Zentrum die Kirche in Kleinbockenheim stand, die bei dieser Gelegenheit beschädigt wurde. Die Tatsache, dass später vom wadgassischen Vogt Gräben eingeebnet wurden, welche auf Klosterbesitz ausgehoben wurden, lässt den Rückschluss der Anlage zusätzlicher, provisorischer Befestigungen durch die Verteidiger wahrscheinlich werden. Trotz seines starken Heeres scheint Friedrich es jedoch nicht geschafft zu haben, die beiden Orte von der Außenwelt abzuschneiden. Nachdem ihm vom Herannahen seiner Feinde berichtet wurde, zog Friedrich ab, um diese zur Schlacht zu stellen.

## Burg Boxberg

Die Burg Boxberg befindet sich in der gleichnamigen Stadt im Main-Tauber-Kreis/Baden-Württemberg (Abb. 105).

Für Boxberg ist seit Mitte des 12. Jahrhunderts ein ortsansässiges Adelsgeschlecht überliefert, welches die Burg als Lehensleute der Herren von Schweinberg und später des Hochstifts Würzburg besaß. Nachdem Burg und Ort 1287 den Johannitern übergeben worden waren, verkauften diese die Burg und den 1332 erstmals als Stadt erwähnten Ort an die Herren von Rosenberg, die die Burg auch zum Zeitpunkt der Belagerung durch Pfalzgraf Friedrich den Siegreichen und seine Verbündeten im April 1470 und darüber hinaus als Eigentum innehatten. Die Belagerung wegen angeblichen Raubrittertums der Rosenberger hatte keine langfristigen besitzrechtlichen Konsequenzen, und über das Wiederaufbauverbot für seine Burg setzte sich Jörg von Rosenberg bereits 1480 hinweg.

Die Stadt war scheinbar in die Befestigungen der Burg mit einbezogen, und es sind zwei Tortürme bekannt. Bereits Ende des 19. Jahrhunderts hatten sich von der Stadtmauer nur mehr geringe Mauerreste unbekannter Zeitstellung auf der Westseite der Stadt erhalten.

Die Burg liegt auf einem südöstlich oberhalb des Ortes befindlichen Bergsporn, der seinerseits nach Osten vom sogenannten Hag deutlich überhöht wird. Über das Aussehen der Burg des Jahres 1470 ist nichts Genaues bekannt: 1480 wurde an der Stelle der 1470 angeblich teilweise zerstörten Burg eine neue Anlage erbaut, die ihrerseits wiederum 1523 zerstört wurde. Erneut an gleicher Stelle wurde ab 1547 eine dritte Burg errichtet, die 1857 fast gänzlich abgetragen wurde.

In dem zeitgenössischen Bericht des Matthias von Kemnat werden Jörg von Rosenberg und seine Brüder als Raubritter geschildert, die den Geboten des Erzbischofs von Mainz, des Bischofs von Würzburg und des Pfalzgrafen zuwiderhandelten und deren Besitzungen schädigten. Daraufhin verständigten sich die drei Fürsten auf eine militärische Unternehmung, und ihre Hauptleute zogen vor Stadt und Burg Boxberg. Diese wurden mit Geschützen und Verschanzungen drei Wochen lang angegriffen, bis Jörg von Rosenberg mit 70 Reisigen nachts floh. Die drei Fürsten teilten sich die Nutzung zu je einem Drittel. Die Einnahme geschah am Gründonnerstag, also dem 20. April 1470.

Ähnlich berichtet es ein weiterer Zeitgenosse, nämlich Michel Beheim, der beschreibt, dass die drei Rosenberger durch ihr Raubrittertum weite Gebiete verunsicherten, die unter der Herrschaft des Pfalzgrafen, des Mainzer Erzbischofs und des Würzburger Bischofs standen. Diese einigten sich daraufhin auf einen Heerzug gegen Boxberg, der von ihren Hauptleuten ausgeführt werden sollte, wobei Lutz Schott als pfalzgräflicher Hauptmann agierte. Nachdem sie vor die Stadt und die Burg Boxberg gezogen waren, griffen sie diese drei Wochen lang mit Artillerie und Schanzarbeiten an, bis Jörg von Rosenberg nachts mit 70 Reisigen floh. Daraufhin teilten die Angreifer Stadt und Burg zu drei gleichen Teilen untereinander auf.

Nach dem Bericht des Lorenz Fries hingegen beschlossen Erzbischof Adolf von Mainz, Pfalzgraf Friedrich und Bischof Rudolf II. von Würzburg am 15. Januar 1470 gegen die Burg und das Städtlein Boxberg zu ziehen. Aus dem bei Fries zitierten Abkommen ergibt sich zum einen die Begründung, nämlich Raubrittertum der Rosenberger. Zum anderen werden aber auch klare Absprachen hinsichtlich des weiteren Vorgehens getroffen: Jeder der drei Vertragspartner soll 100 Reisige und 300 Fußknechte stellen, mit denen die Kirchhöfe in Schweigern und Unterschüpf eingenommen werden sollen; dort etwa gefundener Proviant solle zu gleichen Teilen aufgeteilt werden. Sollte sodann der Konflikt nicht bis zur letzten Aprilwoche beigelegt sein, wollen die drei Fürsten vor die Burgen Boxberg und Oberschüpf ziehen und diese erobern. Alle Gewinne sollen in drei gleichen Teilen an die Vertragspartner gehen.

Im folgenden Sommer zogen die drei Fürsten vor Boxberg und Schüpf, nahmen diese ein und setzten »Contzen von Berlichingen« als Amtmann sowie einen gemeinsamen Keller ein. Die eigentlich beabsichtigte Zerstörung der Burg unterblieb, da zu viele andere Leute Rechte daran hatten. Also richteten die drei am 24. Juli einen Burgfrieden auf.

In erhalten gebliebenen Würzburger Aufzeichnungen jener Zeit wird die Einnahme von Boxberg durch den Erzbischof von Mainz, den Bischof von Würzburg und den Pfalzgrafen bei Rhein an Gründonnerstag, dem 19. April 1470 angegeben. Die drei Fürsten belagerten Ort und Burg Boxberg, die dem Jörg von Rosenberg gehörten, 14 Tage lang. In der Burg Boxberg befanden sich 130 Mann, 124 Büchsen und »ein wagen mit armbrust«.

Ein äußerst lebhafter Bericht findet sich hingegen in der Ratschronik der Stadt Würzburg: Nach dieser hatte Jörg von Rosenberg Anteile an Boxberg und der Burg Unterschüpf. Im Rahmen seiner zahlreichen Fehden schädigte er viele Fürsten, so dass sich der Erzbischof von Mainz, der Bischof von Würzburg und Pfalzgraf Friedrich verbündeten, um die genannten Orte zu gleichen Teilen zu erobern. Am 26. März 1470 zogen sie vor das stark befestigte Boxberg, welches am Karfreitag, dem 20. April 1470, nachts von den Verteidigern geräumt wurde. Jeder der Fürsten hatte 100 Berittene und 300 Bewaffnete, also Fußsoldaten, und die Stadt Würzburg hatte ebenfalls 100 Bewaffnete unter ihrem Hauptmann Georg

*Abb. 105  Darstellung von Burg Boxberg bei Matthäus Merian, um 1645.*

Suffan entsandt. Auf Seiten der Angreifer wurden zwei Edelknechte und ein Büchsenmeister vor Boxberg getötet, doch die Bewaffneten der Stadt Würzburg kamen alle gesund zurück. Ein reisiger Knecht, der die Verteidiger verhöhnt hatte, »wart mit einer hockhenbuchsen durch beede arschbackhen und durch den mastdarm geschossen, doch wart er geheilet« – vermutlich eine recht schmerzhafte Angelegenheit!

Wie man sieht, geben die zeitgenössischen Berichte einen beeindruckenden Einblick in das »Geschäft« der Belagerung einer Burg: Angreifer waren drei Verbündete, die gemeinsam

300 Berittene und 900 Bewaffnete stellten, die noch von weiteren 100 Bewaffneten der Stadt Würzburg unterstützt wurden. Hinzu kamen vermutlich die Spezialisten und die Büchsenmeister, im Falle der Kurpfalz insbesondere der Büchsenmeister Martin Merz. Die Ausrüstung der Angreifer mit Kanonen, Karrenbüchsen, Hakenbüchsen und Armbrüsten scheint beeindruckend gewesen zu sein. Was die Zahl und die Ausrüstung der Verteidiger anbelangt, schwanken die Zahlen zwischen 70 und 130 Mann.

# Lambsheim

Bei Lambsheim, Rhein-Pfalz-Kreis/Rheinland-Pfalz, handelt es sich zwar nicht um eine Burg, sondern »nur« um einen befestigten Ort, doch trotzdem soll die Belagerung des Ortes durch Pfalzgraf Friedrich den Siegreichen im August 1471 hier vorgestellt werden, weil sie ein eindrucksvolles Bild der damaligen kriegerischen Praxis bietet (Abb. 106).

Bei Lambsheim handelt es sich ursprünglich um ein weißenburgisches Lehen der Grafen von Leiningen, welches 1389 an Pfalzgraf Ruprecht II. fiel, bevor es von 1417 bis 1471 zweibrückisch war.

Die Ortsbefestigung ist noch nicht bauhistorisch oder archäologisch untersucht worden, so dass zur konkreten Zeitstellung der erhaltenen Reste bzw. ihrer Ausgestaltung mit Schießscharten, Wehrgängen u. Ä. zur Zeit der Belagerung von 1471 keine Angaben gemacht werden können. Es ist jedoch unbestritten, dass die Stadt, vermutlich eine planmäßige Gründung des 13. Jahrhunderts, schon frühzeitig befestigt war, und diese Befestigung den noch heute im Stadtgrundriss erkennbaren Verlauf hatte.

Die Lage des Ortes in einer flachen und feuchten Ebene sowie der Verlauf der Stadtmauer wird auch noch in einer topographischen Aufnahme der Pfalz aus den Jahren 1836 bis 1841 deutlich.

Es handelt sich bei der Stadtanlage um ein verzogenes Rechteck, dessen Schmalseiten im Süden 350 m und im Norden 200 m Länge aufweisen, im Verhältnis zu 1000 m im Westen und 800 m im Osten, die von einer Ringmauer mit vorgelagertem doppeltem Wallgraben umzogen wurden. An der südlichen Schmalseite fließt der Kesserbach vorbei, der eventuell auch die Gräben mit Wasser gespeist hat. Ursprünglich waren vermutlich nur drei Tore vorhanden, je eines im Süden, Norden und Osten.

Der heute noch vorhandene Wehrturm im Norden ist erst im 16. Jahrhundert errichtet worden.

Der Chronist Matthias von Kemnat schreibt, dass Kurfürst Friedrich der Siegreiche von der Pfalz und sein Sohn Philipp mit ihrem Heer vor Lambsheim zogen, im Schutz von Grabenschirmen die Büchsen aufbauten und sich binnen »zweien kortzen somernachten« durch Schanzarbeiten dem Graben der Stadt näherten – in einer Geschwindigkeit, »das es frembd

zu sagen ist«. Die Stadt war
sehr gut befestigt, auch wegen
des sie umgebenden »wagen-
den bruches«, also eines Moo-
res. Als Verteidiger befanden
sich dort 34 Edle und Reisige,
300 Schweizer Söldner mit
vielen Vorräten, Geschützen
und Schützen. Nachdem der
Pfalzgraf durch die Schanzarbeiten nahe an den Graben
herangekommen war, verhan-
delten die Schweizer und konnten frei abziehen. Danach ließ
Friedrich Feuer in die Stadt
werfen, worauf die Bürger eine
Pforte öffneten, um Wasser für
die Löscharbeiten zu holen
und die äußere Wehr halten zu
können. Die Angreifer konnten
jedoch diese Pforte einnehmen und in die Stadt eindringen. Von den Gefangenen wurden die beiden Hauptleute
Philip Lusser, der Amtmann,
und Adam Riffe mitsamt 20 Fußknechten ertränkt, während weitere 16 Edle, 31 Reisige und
100 Bürger gefangen genom-

*Abb. 106 Historischer Katasterplan von Lambsheim. Der Verlauf
der Stadtbefestigung ist klar erkennbar.*

men wurden. Die Bürger wurden um 2 000 Gulden geschatzt und mussten Friedrich huldi-
gen. Am 3. August 1471 folgte die Eroberung.

Etwas anders stellt Michel Beheim die Situation dar: Die befestigte Stadt Lambsheim
befand sich in einer Ebene, und »fui kein so vest er for nie kam«, so dass ein Überraschungsangriff unmöglich war. Auf dieser Ebene errichtete Friedrich seine Wagenburg, weit genug
von der Stadt entfernt, dass sie nicht beschossen werden konnte.

Die Stadt wurde durch drei Gräben, zwei davon mit Wasser gefüllt, durch Dornenhe-
cken und Gebück, durch Ringmauer und Türme geschützt, und als Verteidiger befanden sich

103

200 Schweizer, also vermutlich Söldner, 60 Reiter und 20 Fußknechte, insgesamt aber 700 Mann in der Stadt. Des Nachts gruben die Pfalzgräflichen im Vorfeld eines der Tore eine Schanze, die sie durch mit Erde gefüllte Körbe und Katzen, also hölzerne Schilde und Dächer, weiter absicherten. Hinter vier hölzernen Schirmen wurden große Büchsen nach vorne gebracht, welche nicht nur große Schäden an der Stadtbefestigung anrichteten, sondern auch eine beeindruckende Geräuschkulisse verursacht haben müssen:

> *sich hub ein grosses schallen/Als ob der hymell gar zerriss/vnd sich das firmament verschliss/vnd alle vier die elament/mit einander wurden zertrent./es waz ein sölich geschelle/als wer es inn der helle.*

Demoralisiert durch den Beschuss begannen am achten Abend geheime Verhandlungen mit den Schweizern über deren Abzug. Nachdem diese abgezogen waren, wurde Feuer in die Stadt geschossen, was zu einer großen Panik bei den Verteidigern und Bewohnern führte. Darauf wurde die Stadt erstürmt, doch war dies nur möglich, da der die Stadt umgebende Sumpf aufgrund einer Dürreperiode trocken gefallen war. An Gefangenen wurden 18 Edle, 42 Reisige und 20 »trabanten« gemacht, von denen ein Teil hingerichtet und ertränkt wurde, während den meisten Reitern lediglich die Pferde und Rüstungen abgenommen wurden. Nachdem Beheim den Grund und die Normalität des Strafgerichts durch Friedrich an seinen Gegnern erläutert hatte, berichtete er von der Plünderung der in Lambsheim befindlichen Vorräte durch die kurpfälzischen Truppen und die Schleifung der Stadtbefestigung, so dass aus der Stadt ein Dorf gemacht wurde.

Die Belagerung von Lambsheim wurde vermutlich am 3. August 1471 erfolgreich beendet, doch lassen die abweichenden Angaben bei Kemnat und Beheim, die auf zwei bzw. acht Tage Dauer hindeuten, keine abschließende Wertung zu. Die Tatsache, dass beide Chronisten offenbar von den Kampfhandlungen beeindruckt sind, einerseits wegen der Geschwindigkeit der Schanzarbeiten, andererseits wegen des gewaltigen Einsatzes von Feuerwaffen, lässt auf eine gut organisierte Aktion unter massivem Einsatz aller Möglichkeiten des kurpfälzischen Heeres schließen. Wie die Einnahme tatsächlich vor sich ging, muss offen bleiben, doch scheint die Version mit der zum Zweck der Löschwasserentnahme aus dem Graben geöffneten Ausfallpforte durchaus möglich zu sein.

Bemerkenswert ist, dass die schweizerischen Söldner der Verteidiger relativ schnell die Aussichtslosigkeit ihrer Lage erkannten und den freien Abzug aushandeln konnten, während Friedrich sowohl den Fußknechten als auch den beiden Hauptleuten gegenüber, »die diess kriegs vrsacher vnd anhetzer waren«, keine Gnade walten und sie ertränken ließ.

# 7. Die Burg nach der Belagerung – Zerstörung und rechtliche Konsequenzen

Welche Folgen hatte aber schlussendlich eine erfolgreiche Belagerung? Wer nun glaubt, dass die Burg automatisch dem Eroberer gehörte, unterschätzt das mittelalterliche Rechtssystem! Grundsätzlich ändert sich durch eine Eroberung an der rechtlichen Situation gar nichts, diese

*Abb. 107 Die Zerstörung der Stadtbefestigung von Brescia, symbolisch dargestellt durch die beiden fallenden Turmspitzen.*

musste tatsächlich erst vertraglich geregelt werden, was sich in manchen Fällen jahrelang hinziehen konnte (vgl. das Beispiel der Burg Thurant). Daher mussten beispielsweise auch Belagerungsschanzen grundsätzlich niedergelegt werden, da sie widerrechtlich auf fremdem Grund und Boden errichtet worden waren.

Es konnte aber durchaus vorkommen, dass das Bauwerk Burg zerstört wurde – gänzlich oder nur symbolisch. Die Rechte, die mit der Burg in Verbindung standen, wurden dadurch nicht zwingend beeinträchtigt: So kann auch eine ruinöse Burg besitzrechtlich durchaus interessant sein, weil die Einkünfte aus bestimmten Orten immer noch mit dem Besitz an der Burg vergeben wurden.

Wie fein die mittelalterlichen Menschen in solchen Fällen differenzierten, zeigen einige Beispiele von symbolischen Zerstörungen: Es sind Fälle überliefert, in denen das Seil des Brunnes durchtrennt wurde, damit es mitsamt dem Eimer in diesen hineinfiel. Im Falle der Stadt Brescia jedoch, die Heinrich VII. auf seinem Romzug (seiner Meinung nach widerrechtlich) den Einzug verweigert hatte, musste nach deren Niederlage ein Stück Stadtmauer neben dem Tor niedergelegt werden, damit der König dort einreiten konnte – und nicht durch das Tor, welches man ihm zuvor nicht hatte öffnen wollen (Abb. 107).

In einem ähnlichen Fall verlangte Kaiser Friedrich Barbarossa von der Stadt Köln, ein Stadttor bis auf die Gewölbe niederzulegen – auf dass es danach wieder aufgebaut werden konnte.

# 8. Belagerungen als Mythos?

Viele Belagerungen, insbesondere solche, die sich über einen langen Zeitraum hinzogen und die das Bild des »heroischen Ausharrens« der Belagerten heraufbeschwören, sind noch heute Gegenstand von Sage und lokaler Erzählung. Vergleicht man jedoch die Belagerungen mittelalterlicher Burgen und Städte mit den Belagerungen in der Antike und der Neuzeit, so zeigt sich ein entscheidender Unterschied:

Die Belagerung von Vercingetorix und den Kelten in Alésia durch Julius Caesar hat nicht nur anhaltende archäologische Untersuchungen veranlasst, sie ist auch zu einem regelrechten französischen Nationalmythos geworden. Kaiser Napoleon III. ließ in Alésia sogar eine Statue des Vercingetorix aufstellen, die seine eigenen Gesichtszüge trägt!

Auch die Belagerung von Masada im heutigen Israel ist – nicht erst seit den archäologischen Untersuchungen der 1960er Jahre – zu einem nationalen Mythos geworden: Dort harrten 73/74 n. Chr. die letzten jüdischen Aufständischen aus und trotzten einer römischen Belagerung. Als klar war, dass die Feste fallen würde, wählten sie lieber den Freitod als sich zu ergeben. Noch bis vor wenigen Jahren schworen daher die Rekruten der israelischen Armee am Ende ihrer Ausbildung in einer Zeremonie auf dem Plateau von Masada »Masada darf nie wieder fallen«.

Auch für die Neuzeit gibt es derartige Mythen: Die ehemalige Missionsstation Alamo in Texas ist hier nur ein Beispiel. Dort hielten etwa 250 Verteidiger vom 23. Februar bis 6. März 1836 eine etwa 3000 Mann starke Armee unter dem mexikanischen Präsidenten und General Santa Anna auf und ermöglichten es somit Sam Houston, eine Armee aufzustellen und die texanische Unabhängigkeit zu verteidigen. Die Verteidiger wurden bei und nach der Erstürmung umgebracht, unter anderem auch Jim Bowie und Davy Crockett – daher der spätere Kampfruf der Texaner »Remember the Alamo«.

Doch etwas Vergleichbares findet sich in Bezug auf mittelalterliche Belagerungen in Westeuropa nicht. Weder die Belagerung von Mailand durch Kaiser Friedrich Barbarossa hat einen solchen Nachhall hinterlassen noch beispielsweise die Verteidigung von Orléans gegen die Engländer im Hundertjährigen Krieg, die ganz im Zeichen des Auftretens der Jeanne d'Arc steht. Und erst recht hat die erfolgreiche Belagerung von Jerusalem am Ende des Ersten Kreuzzuges keinen solchen Mythencharakter erlangt. Vielleicht liegt es daran, dass es im Mittelalter noch keine Nationalstaaten gab und es im 19. und 20. Jahrhundert einfacher war, sich mit den Größen der Antike zu identifizieren als mit den Taten eines »kleinen« Landesherrn des Mittelalters oder der Frühen Neuzeit?

Trotzdem – die Faszination mittelalterlicher Burgen und Belagerungen lebt bis heute und hat in den letzten Jahren einen neuen Zuspruch erfahren.

# 9. Der Blick nach vorn: Belagerungen in der Neuzeit

Belagerungen in der Neuzeit – was hat ein solches Kapitel in einem Handbuch zu Burgbelagerungen zu suchen?

Dieses Kapitel soll dazu dienen, die mittelalterlichen Belagerungen in ihren historischen Gesamtkotext einzuordnen und zu zeigen, dass viele Charakteristika und Methoden mittelalterlicher Belagerungen sich noch jahrhundertelang und teilweise sogar bis ins 20. Jahrhundert hinein gehalten haben. Trotz Änderungen und Entwicklungen in der Waffentechnik, trotz einer gestiegenen Zahl an Kombattanten blieb das Problem immer das gleiche, es war immer noch eine Mauer zu überwinden oder zu zerstören. Und selbst im Ersten Weltkrieg, der zumindest an der Westfront als gigantische Belagerung angesehen werden kann, ging es letztlich darum, eine solche Befestigung, diesmal in Form eines Schützengrabens, zu überwinden (oder mittels Minenstollen zu sprengen).

Um die Beispiele vergleichbar zu halten und den Leser nicht in der Terminologie der Festungsbaukunst orientierungslos zurückzulassen, werden gewollt nicht die formalisierten Belagerungen einer großen europäischen Festung geschildert, sondern bewusst solche von kleinen Befestigungen, welche am ehesten einer mittelalterlichen Burg vergleichbar sind.

## King John's Castle

In der Zeit von 1642 bis 1649 standen sich im englischen Bürgerkrieg die Anhänger des Königs bzw. des Parlaments unversöhnlich gegenüber. Der Krieg war geprägt durch eine Vielzahl an Belagerungen, sowohl von Städten als auch von Burgen. Da England im 16. und 17. Jahrhundert kaum von außen bedroht wurde, gab es dort nur wenige Festungsbauten, so dass die meisten Burgen erst mit Beginn des Bürgerkriegs notdürftig dem aktuellen Entwicklungsstand der Militärtechnik angepasst wurden. Trotzdem (oder deswegen?) wiesen viele der Belagerungen mittelalterlich wirkende Charakteristiken auf.

Ein sowohl durch Schriftquellen als auch archäologische Befunde sehr gut dokumentiertes Beispiel stellt die Belagerung von King John's Castle in Limerick/Irland, im Jahre 1642 dar. King John's Castle ist eine quadratische Anlage mit vier Türmen an den Ecken und liegt unmittelbar im Stadtgebiet von Limerick am Flussufer. Zu Beginn des Jahres 1642 flohen viele Arbeiter der königlichen Silberminen aus Munster nach Limerick, sowohl Iren als auch Engländer, so dass sich viele erfahrene Bergleute in der Stadt befanden. Im Mai 1642 erschien eine katholi-

*Abb. 108 (l.) King John's Castle, Limerick/Irland: Blick in einen der ergrabenen Minenstollen, im Hintergrund die Burgmauer.*
*Abb. 109 (r.) King John's Castle, Limerick/Irland: einer der ergrabenen Minenstollen, rechts die Burgmauer.*

sche Armee vor der Stadt, und viele Engländer flohen in die Burg. Da die irischen Belagerer nicht über Artillerie verfügten, sollte der Angriff mittels Minen erfolgen, doch da in der Burg ebenfalls viele Bergleute anwesend waren, gab es entsprechend auch Gegenminen. Bereits vor Beginn der Miniertätigkeiten hatten die Verteidiger – letztlich vergeblich – an der Ostseite der Burg einen tiefen Graben angelegt, um den Bau von Minen zu verhindern. Auf der Ostseite begann der Bau der Minen am 25. Mai, im Süden am 1. Juni. Die Anlage der Gegenminen, mit deren Hilfe man die Minen der Belagerer aufspüren wollte, um zu verhindern, dass Sprengsätze unter der Mauer gezündet werden konnten, begann im Osten am 30. Mai und im Süden am 2. Juni, also kurz nachdem die Belagerten Kenntnis von der Tätigkeit der Angreifer erhalten hatten. Im Laufe der Belagerung, die mit der Kapitulation der Burgbesatzung am 23. Juni endete, nachdem auf der Ostseite Breschen aufgetreten waren, wurden insgesamt elf Minen der Angreifer angelegt und immerhin acht Gegenminen der Verteidiger (Abb. 108 u. 109).

Die Methode, wie eine solche Mine angelegt wurde, war hier im weichen Erdboden am Flussufer natürlich eine deutlich andere als bei den bereits vorgestellten Beispielen im roten Sandstein der Pfalz und des Elsass: Zuerst wurde ein Eingangsschacht abgetieft, danach dann wurden Rahmen aus vier zu einem Rechteck zusammengesetzten Hölzern gebaut und vorgeschoben. Den Zwischenraum zwischen zwei derartigen Rahmen sicherte man an den Seiten und der Decke mit Ästen, die in den beiden davor- und dahinterliegenden Rahmen festgesteckt wurden.

## Neu-Niederlande und Neu-Schweden

Zu Beginn des 17. Jahrhunderts begannen die Handelsgesellschaften und Staaten Europas nach und nach mit der Kolonisation von Nordamerika. Neben den Engländern beteiligten sich auch Nationen wie die Niederlande und Schweden: Ab 1624 siedelten die Holländer in Nieuw Nederland mit der Hauptstadt Nieuw Amsterdam, ab 1638 die Schweden in Nya Sverige im Bereich des heutigen Delaware. Da die Kolonien hauptsächlich auf den Handel ausgerichtet waren, wurden die Handelsstützpunkte zum Schutz gegen Indianer aber auch gegen europäische Konkurrenten mit Befestigungen, sogenannten Forts, versehen.

*Abb. 110  Ansicht von Fort Trefaldighet.*

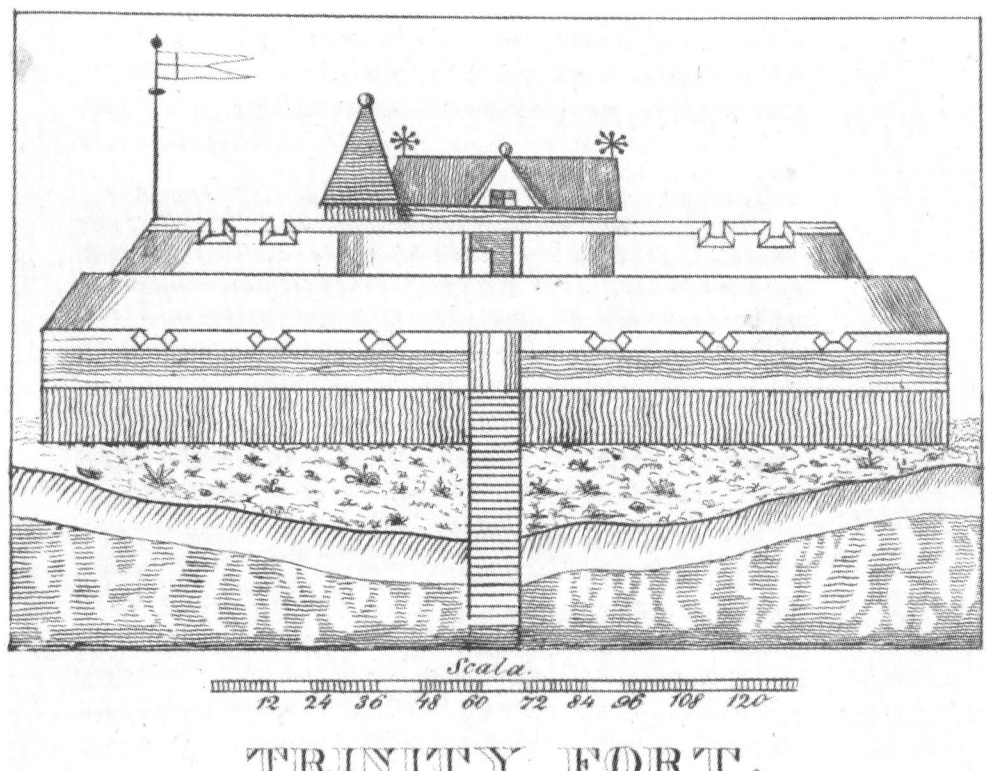

Diese Forts der frühen Zeit waren meistens nicht viel mehr als eine hölzerne Palisade oder aber zwei parallele Reihen vertikaler Baumstämme, deren Zwischenraum mit Erde aufgefüllt war. Diese Forts wurden in der Regel in Form eines Rechtecks errichtet, mit Bastionen an den Ecken und ein oder zwei Häusern im Hof. Umgeben waren sie von einem Graben und bestückt mit der zur Verfügung stehenden Schiffsartillerie, also eher leichten Geschützen.

Nachdem die Spannungen zwischen Schweden und Niederländern am Fluss Delaware zunahmen, eroberten die Schweden am 21. Mai 1654 kampflos das holländische Fort Casimir, welches zu der Zeit gerade einmal von neun (!) Soldaten besetzt war, die nicht einmal Pulver zum Abfeuern ihrer 13 Kanonen hatten, da die Holländer ihre Kräfte aus Furcht vor einem englischen

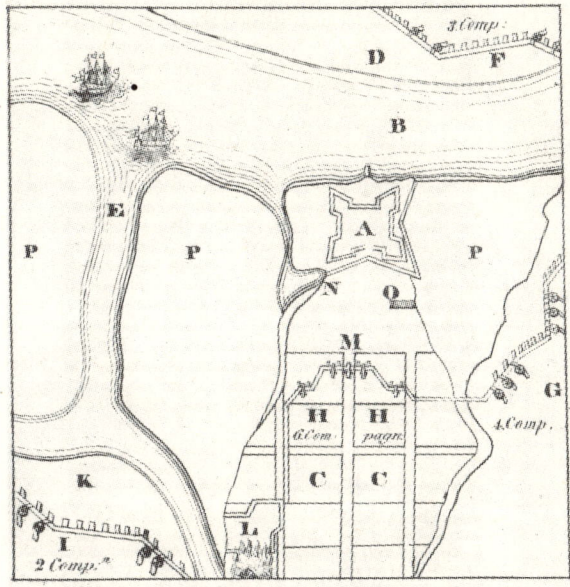

*Abb. 111 Plan des schwedischen Forts Christina.*

Angriff in Nieuw Amsterdam konzentriert hatten. Die Schweden nannten es nun Fort Trefaldighet, Dreifaltigkeit (Abb. 110).

Doch nachdem die Nachricht vom Friedensschluss zwischen England und den Niederlanden Nieuw Amsterdam erreicht hatte, schlug der niederländische Gouverneur Petrus (»Pieter«) Stuyvesant zurück: Mit sieben Schiffen und etwa 300 Soldaten segelte Stuyvesant den Delaware hinauf, ließ seine Truppen nördlich des Forts anlanden und begann mit der Errichtung von Brustwehren um die etwa 50 schwedischen Verteidiger in Fort Trefaldighet einzuschließen. Zu Kampfhandlungen sollte es aber nicht mehr kommen, da der schwedische Kommandant Sven Skute das Fort noch am 11. September 1655 an die Holländer übergab.

*Abb. 112 Modell des schwedischen Forts Christina.*

Danach segelte Stuyvesant weiter zum Hauptort von Nya Sverige, Fort Christina (Abb. 111 u. 112), und der dortige schwedische Gouverneur Johann Rising kapitulierte am 15. September 1655 mit etwa 30 Soldaten kampflos, nachdem Stuyvesant auch hier seine Truppen angelandet und Brustwehren errichtet hatte. Dies war zeitgleich auch das Ende der schwedischen Kolonie in Nordamerika.

Den Niederländern war allerdings auch nur noch eine kurze Frist bemessen, bevor die Engländer am 27. August 1664 Nieuw Amsterdam einnahmen und sich Nieuw Nederland einverleibten. Sie benannten Nieuw Amsterdam in »New York« um, und der Verlauf der holländischen Stadtbefestigung im Süden der Halbinsel Manhattan ist noch heute bekannt als »Wall Street«.

# Darien

Im Laufe des 17. Jahrhunderts beteiligten sich sukzessive auch kleinere Staaten und Kompanien an der Kolonialisierung der Welt, immer mit dem Ziel, durch Handelsprojekte Profit zu machen. So kam es, dass am 2. November 1698 schottische Siedler und Händler in Darien (Abb. 113) an der Atlantikküste Panamas landeten und dort Fort St. Andrews errichteten, in der Hoffnung, Warentransporte über den Isthmus von Panama lenken zu können. Auf einer Halbinsel direkt am Atlantik gelegen war Fort St. Andrews eine sternförmige Anlage, bestehend aus vertikalen Holzstämmen sowie dazwischen befindlichem Erdreich und der Möglichkeit, bis zu 40 Kanonen, die von den Schiffen kommen sollten, mit denen man angereist war, aufzustellen. Das Erdreich wurde dadurch gewonnen, dass man einen Graben rund um das Fort anlegte, der vom Meerwasser geflutet wurde.

Aufgrund der ungünstigen Siedlungsbedingungen und der großen Sterblichkeit durch Malaria wurde das Fort jedoch im Juli 1699 aufgegeben. Weitere Schiffe mit über 1100 Siedlern, welche im November 1699

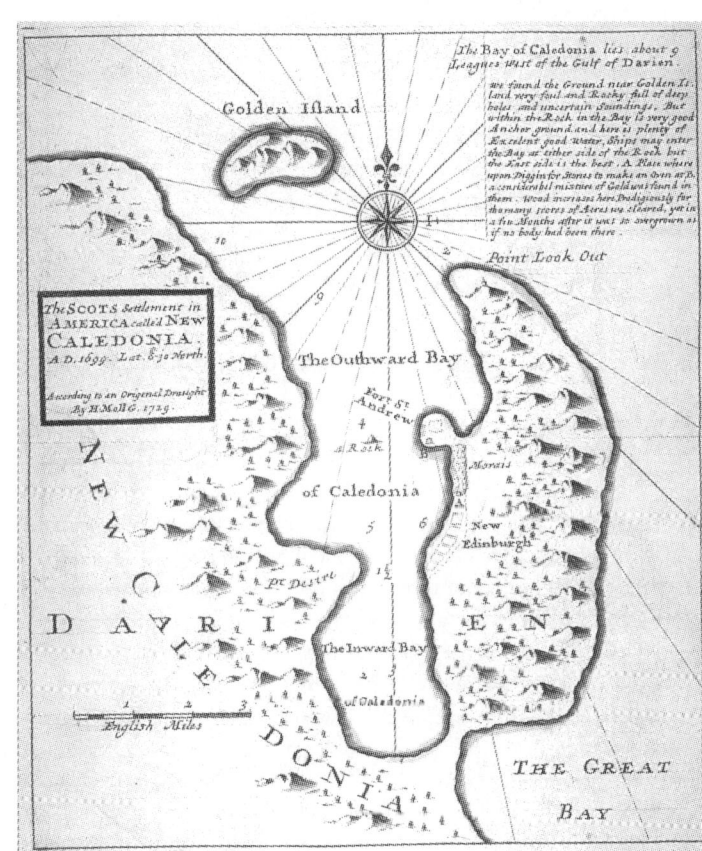

*Abb. 113 Plan von New Edinburgh und Fort St. Andrew aus dem Jahre 1729.*

aus Schottland ankamen, fanden somit nur noch Ruinen vor und bauten das Fort und die Siedlung New Edinburgh wieder auf. Da die Schotten aber die spanischen Ansprüche in Mittelamerika zu stören drohten, reagierten die Spanier schnell: Bereits am 1. März 1700 landete eine spanische Vorauseinheit in der Nähe des Forts und arbeitete sich langsam über Land in die Nähe des Forts voran, nur einmal gestört von schottischen Vorposten. Sodann landeten die Spanier sukzessive mehr Soldaten und Artillerie an, so dass den 500 unter Nahrungs- und Pulvermangel leidenden Verteidigern letztendlich 2 000 Angreifer gegenüberstanden. Eine Aufforderung zur Kapitulation lehnten die Schotten ab, so dass die Spanier das Fort mit ihren Kanonen beschossen und ihre Belagerungsstellungen und Gräben immer näher an das Fort heranschoben. Nachdem auch die letzten Vorposten der Schotten vor dem Graben, der sich über die Landenge vor dem Fort zog, ausgeschaltet waren, war das Ende nur noch eine Frage der Zeit, denn die einzige Quelle, durch die das Fort versorgt wurde, befand sich 500 m außerhalb desselben! Nachdem mehrere Verhandlungsversuche gescheitert waren, blieb den Verteidigern keine Wahl mehr, als am 31. März 1700 vor den Spaniern zu kapitulieren. Dies war gleichzeitig das Ende der Kolonie New Caledonia und Ursache dafür, dass Schottland fast in den Staatsbankrott stürzte, was wiederum die Vereinigung Schottlands mit England entscheidend vorantrieb.

# Fort William Henry

In der Mitte des 18. Jahrhunderts spitzte sich der Konflikt zwischen Frankreich und England in den Kolonien im Nordosten der heutigen USA und in Kanada sukzessive zu. Wichtigster Bestandteil der Kolonialpolitik und der Erschließung neuer Gebiete für den Handel waren auch hier einzelne Forts, die meistens entlang der wichtigen Wasserwege angelegt wurden.

Eine dieser Befestigungen war Fort William Henry (Abb. 114 u. 115), das ab September 1755 von den Briten am Südende des Lake George errichtet wurde, an dessen Nordende sich das französische Fort Carillon, später umbenannt in Fort Ticonderoga, befand – beide errichtet, um die wichtige Verbindung zwischen Montréal und Albany, der ursprünglich von den Niederländern gegründeten Hauptstadt des Staates New York, zu sichern.

Fort William Henry war eine rechteckige Anlage mit vier großen Bastionen an den Ecken und darin vier um den Paradeplatz herum errichteten Barracken. Die Außen-»Mauern« bestanden aus zwei Reihen vertikal verbauter Baumstämme mit Erde dazwischen, die 30 Fuß hoch errichtet wurden; zusätzlich wurden davor ein Graben und eine äußere Palisade angelegt. Zusätzlich wurde später im Vorfeld des Forts, etwa 700 m entfernt, ein befestigtes Truppenlager angelegt.

Bereits im März 1757 starteten die Franzosen mit 1 500 Mann einen ersten Versuch, Fort William Henry zu erobern, welches von etwa 350 Mann verteidigt wurde. Der französische

Kommandeur ließ von seinen Soldaten bereits im Vorhinein 300 Leitern für die Erstürmung anfertigen, welche mitgeführt wurden. Er war sich allerdings im Klaren darüber, dass er das Fort entweder in einem Überraschungsangriff nehmen oder sich darauf beschränken musste, möglichst großen Schaden an den Schiffen und Kaianlagen außerhalb des Forts anzurichten. Da die herannahenden Franzosen von den Engländern gesichtet worden waren, richteten die französischen Truppen zwar außerhalb des Forts nächtens großen Schaden an, mussten aber letztlich unverrichteter Dinge wieder abziehen, nachdem es nun auch noch heftig zu schneien begann und selbst die mitgeführten Leitern als Feuerholz herhalten mussten.

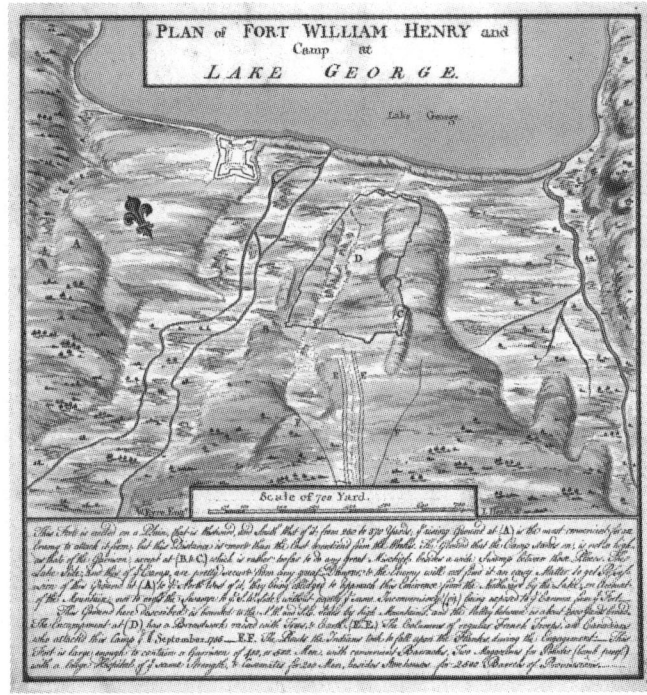

*Abb. 114 Übersichtsplan von Fort William Henry direkt am Ufer des Lake George und südwestlich davon das befestigte Lager.*

Doch Ende Juli 1757 unternahm der französische Oberbefehlshaber, Marquis de Montcalm, mit etwa 7 500 Mann einen zweiten Versuch der Eroberung von Fort William Henry, welches mit 450 Mann besetzt war; zusätzlich hatten die Briten etwa 2 300 Mann in dem verschanzten Lager stationiert. Ein Problem, welches sich im Verlauf der Belagerung noch zeigen sollte, war, dass die Briten gusseiserne Kanonen hatten, die bei entsprechender Belastung ohne Vorwarnung zerbersten konnten, was auch in mehreren Fällen geschah.

Nachdem die Franzosen ihr Hauptlager in sicherer Entfernung vom Fort errichtet hatten, bildeten Truppenteile am 4. August 1757 südlich entlang des Forts an der Straße nach Fort Edward und Albany einen Schirm, um den Kontakt des Forts zur Außenwelt abzuschneiden

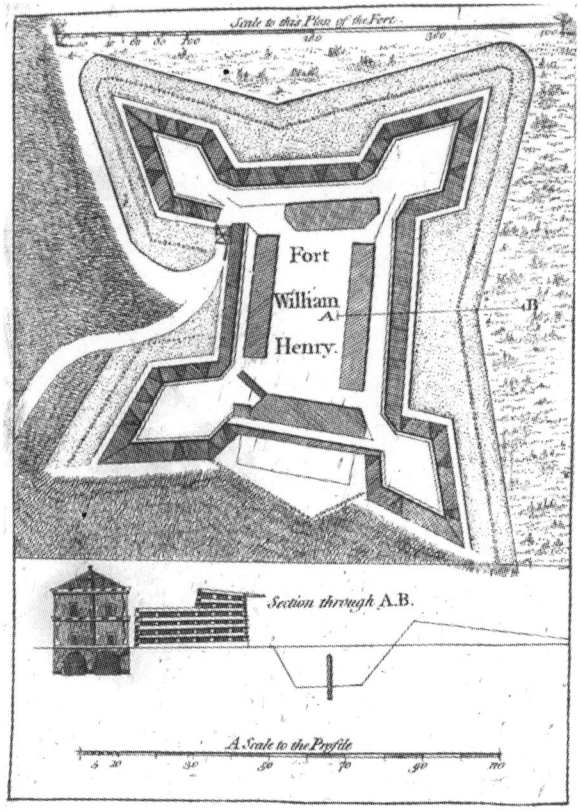

*Abb. 115 Plan von Fort William Henry mit einem Querschnitt durch die Befestigungen.*

und einen Entsatzangriff zu verhindern.

In Fort Edward, nur einen Tagesmarsch von Fort William Henry entfernt, befand sich General Webb mit weiteren 1 500. Mann englischer Truppen, und der Kommandeur in William Henry, Lieutnant-Colonel Monro, hatte einen Boten an ihn abgesandt, um um Unterstützung zu bitten. Englischen Kundschaftern war es jedoch gelungen, einen Offizier der Franzosen gefangen zu nehmen, der Webb berichtete, dass Montcalm über 12 000 Mann verfügte, so dass Webb nicht wagte, auf Fort William Henry abzurücken, da er dann im Falle einer Niederlage auch Fort Edward riskieren würde und der Weg zur Hauptstadt Albany den Franzosen offen gestanden hätte. Entsprechend ließ Webb drei Boten an Monro schicken, die ihm einen Brief übergeben sollten, dass Webb in Edward auf die Siedlermiliz warten wolle und Monro im Zweifel kapitulieren müsse.

Das Problem war nur, dass keiner der drei Boten bei Monro ankam, der weiter mit Unterstützung durch Webb rechnete, und die Franzosen stattdessen einen der Briefe in der Kleidung des toten Boten fanden – und ihn erst drei Tage später an Monro weitergaben.

Während dieser weiter in Fort William Henry aushielt, und Webb vergeblich auf die Siedlermiliz wartete, legten die Franzosen Parallelen und Batteriestellungen an, und trotz der heftigen Artillerieduelle konnten sie sich sukzessive näher an die Mauern des Forts heranarbeiten. Am 6. August, dem dritten Tag der Belagerung, gelang den Franzosen ein Zufallstreffer mit einem Kanonenschuss, der von beiden Seiten als Omen betrachtet wurde: Eine Kugel durchtrennte die Seile der englischen Fahne, die mitten im Fort auf dem Paradeplatz wehte und nun zu Boden sank. Nachdem ein Scharmützel außerhalb des Forts ergebnislos verlaufen war, sich die Nachricht, dass englischer Entsatz herannahe, zur Freude der Franzosen als Gerücht erwiesen hatte, und die französischen Gräben bis auf 200 m an das Fort herangeführt worden waren, kapitulierte Lieutnant-Colonel Monro am 9. August 1757, dem sechsten Tag der Belagerung vor Montcalm.

Bei dem Abzug der britischen Truppen nach Fort Edward kam es zu einem Überfall durch die indianischen Verbündeten der Franzosen, die sich durch die Kapitulation um Beute und Ruhm gebracht sahen, das sogenannte »Massacre«.

Bekannt wurden diese Ereignisse dadurch, dass James Fenimore Cooper sie 1826 in seinem Roman *The last of the Mohicans* literarisch verarbeitete. Im 20. Jahrhundert wurde dieser Roman zu einer beliebten Filmvorlage und wurde zuletzt 1992 in *Der letzte Mohikaner* von Michael Mann mit Daniel Day-Lewis in der Hauptrolle verfilmt.

## The Alamo

Im Jahre 1835 entluden sich die Spannungen zwischen der mexikanischen Zentralregierung unter Antonio López de Santa Anna und den amerikanischstämmigen Siedlern in Texas in einem kriegerischen Konflikt, in dessen Verlauf Texas seine Unabhängigkeit erklärte. Während seines Versuchs, den Aufstand im Folgejahr niederzuschlagen, belagerte Santa Anna mit etwa 3000 Mann eine Besatzung von ca. 250 Mann, unter ihnen Jim Bowie und Davy Crockett, die sich in der ehemaligen Missionsstation Alamo verschanzt und diese notdürftig befestigt hatten (Abb. 116 u. 117).

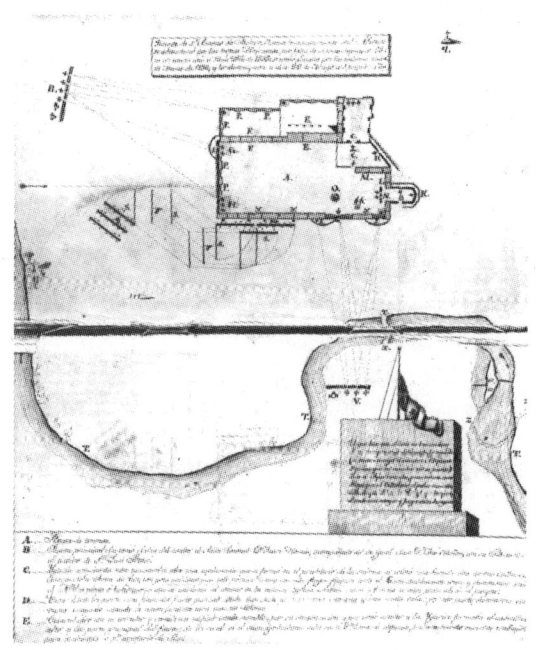

*Abb. 116 Plan der befestigten Anlage von Alamo aus dem Jahre 1836.*

*Abb. 116 Ansicht der Missionsstation Alamo 1854.*

Obwohl die angeforderte Unterstützung niemals kam, konnten die Verteidiger dem mexikanischen Artilleriebeschuss 13 Tage lang standhalten und den Angreifern bei Ausfällen sogar Schäden zufügen. Obwohl seine Generäle Santa Anna drängten, zu warten, bis die Verteidiger wegen der Nahrungsmittelknappheit aufgaben, wollte dieser lieber eine ruhmvolle Eroberung vorweisen können als »nur« eine Kapitulation, so dass er im Morgengrauen des 6. März 1836 die Missionsstation stürmen ließ. Da die Verteidiger die Außenmauern an den einsturzgefährdeten Stellen mit notdürftig errichteten Holzkonstruktionen abgestützt hatten, mussten die ersten Einheiten der Mexikaner über die Mauern klettern, bis sie von innen eine Ausfallpforte öffnen konnten. Im folgenden Kampf wurden alle Verteidiger ohne Gnade getötet, doch auch die Angreifer hatten Verluste von etwa 600 Mann zu beklagen, viele allerdings durch eigenes, »freundliches« Feuer.

Entscheidend aber war, dass die Verteidigung Alamos Sam Houston 13 wertvolle Tage eingebracht hatte, binnen derer er die texanischen Truppen sammeln und letztlich in der Schlacht von San Jacinto die Unabhängigkeit sichern konnte. Somit ist die Verteidigung der Missionsstation Alamo, deren Reste sich heute inmitten der Stadt San Antonio befinden, ein entscheidendes Ereignis dieses Konflikts gewesen, welches sich auch am Schlachtenruf der Texaner in den folgenden Schlachten zeigte: »Remember the Alamo!«

## Dien Bien Phu

Nachdem Französisch-Indochina im Zweiten Weltkrieg von den Japanern besetzt worden war, versuchten die Franzosen nach dem Ende des Zweiten Weltkriegs ihre Herrschaft dort wieder aufzurichten, doch sahen sie sich starken Unabhängigkeitsbestrebungen ausgesetzt, die im Falle Vietnams durch die Vietminh unter ihrem politischen Anführer Ho Chi Minh und dem Oberkommandierenden Vo Nguyen Giap mit militärischen Mitteln vorangetrieben wurden. Da die Franzosen den Vietminh mit ihrer Guerillataktik nicht beikommen konnten, entschlossen sie sich, die Vietminh zur Entscheidungsschlacht zu zwingen: Sie errichteten im Nordwesten Vietnams, nahe der Grenze zu Laos, eine große Festung in Dien Bien Phu (Abb. 117–120), von der aus sie die Umgegend kontrollieren wollten. Dies, so die

französische Annahme, würde die Vietminh zum Angriff zwingen. Geplant war, dass die Festung per Flugzeug versorgt werden sollte – trotz erheblicher Bedenken des Kommandierenden der französischen Luftwaffe, dass ihre Stärke dazu nicht ausreiche.

Die »Festung« Dien Bien Phu wurde so gestaltet, dass neun einzelne Stützpunkte errichtet wurde, die jeweils von einem durchgehenden Schützengraben umgeben waren, gesichert durch Stacheldraht und Minenfelder; an geeigneten Stellen wurden Bunker aus Holz und Sandsäcken errichtet. Die Stützpunkte sollten sich durch gegenseitiges Feuer unterstützen können. Die Gesamtanlage wies eine Ausdehnung von etwa sechs Kilometern in Nord-Süd- und drei Kilometern in Ost-West-Richtung auf.

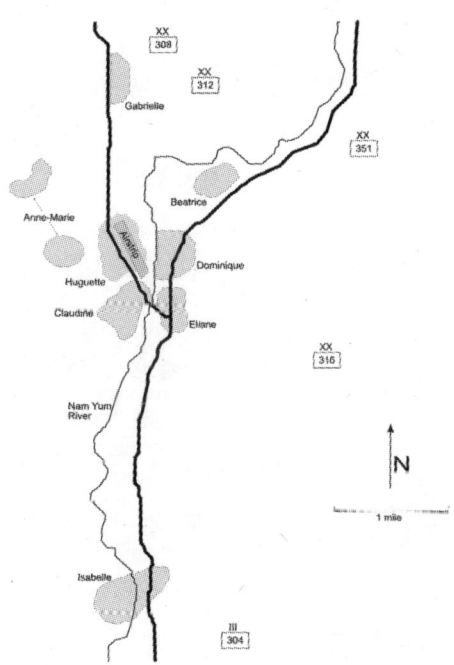

*Abb. 117 Übersichtsplan der französischen Befestigungen in Dien Bien Phu.*

119

Die Vietminh nahmen die Herausforderung an und begannen am 13. März 1954 mit dem Angriff auf Dien Bien Phu. Sie hatten sich gut vorbereitet, und es zeigte sich, dass die Franzosen sie massiv unterschätzt hatten: So hatten die Vietminh beispielsweise durch Tausende von Trägern in Einzelteile zerlegte Artilleriegeschütze in großer Zahl herangeschafft und ein beeindruckendes Tunnel- und Grabensystem angelegt, ohne dass den Franzosen dies bekannt geworden wäre.

Der Angriff zog sich in drei Etappen bis Anfang Mai 1954 hin, doch spätestens nachdem die Landebahn der Franzosen zerstört worden war und die Truppen nur noch durch Fallschirmabwürfe versorgt werden konnten, war die Lage für sie brenzlig geworden. Durch die dauernden Angriffe und den Beschuss durch die Vietminh war es zu zahllosen Desertionen bei den Kolonialtruppen gekommen, und der (Teil-)Stützpunkt Éliane war sogar durch eine unterirdische Mine teilweise in die Luft gesprengt worden. Am 8. Mai 1954, zwei Tage vor dem von Vo Nguyen Giap angesetzten Großangriff kapitulierten die französischen Truppen

*Abb. 118 Der Krater der vietnamesischen Minensprengung bei der Befestigung Éliane.*

und etwa 9 000 Mann gingen in Gefangenschaft; es war der entscheidende Schritt zum Rückzug Frankreichs und der Beginn des amerikanischen Engagements in Vietnam.

*Abb. 119 (r.) Die vietnamesische Fahne weht über dem französischen Befehlsbunker in Dien Bien Phu. Abb. 120 (u.) Französischer Bunker in Dien Bien Phu.*

# 10. Ein Wort zum Schluss ...

Auch wenn der Fokus dieses Buches selbstverständlich auf der Belagerung mittelalterlicher Burgen liegt, so waren die Ausblicke in die Antike und die Neuzeit ebenfalls unentbehrlich, denn letztlich bleibt festzustellen, dass sich im Laufe der Jahrhunderte trotz veränderter Waffentechnik an den grundsätzlichen Vorgängen bei einer Belagerung nicht viel geändert hat: Das Problem, eine Mauer (oder anders geartete Befestigung) zu überwinden, ließ bis zur Einführung der Luftwaffe letztlich immer nur dieselben Lösungen zu.

Wie stark die Kontinuitäten waren, mag man allein daran sehen, dass sowohl bei der Belagerung der Burg Desenberg im 12. Jahrhundert als auch jener von Alt-Windstein im 14. Jahrhundert, bei der Belagerung von King John's Castle im 17. Jahrhundert, jener von Petersburg im amerikanischen Bürgerkrieg 1864 und dem Ersten Weltkrieg in Messines im 20. Jahrhundert immer wieder auf den Bau von Minen zurückgegriffen wurde. Und jedes Mal waren es professionelle Bergleute, die angeheuert wurden, diese Aufgabe zu übernehmen, da man hier ihre speziellen Kenntnisse benötigte, 1917 genauso wie im 12. Jahrhundert.

Durch die Einführung des Flugzeugs als Waffe im Krieg scheint sich auch das Bild der Belagerung gewandelt zu haben, wobei allerdings die Entwicklungen der letzten Jahre deutlich zu zeigen scheinen, dass der Kampf um befestigte Plätze im Rahmen der zunehmenden asymmetrischen Kriegführung in den Hintergrund rückt – ein spannendes Kapitel der Geschichte bleiben die Belagerungen des Mittelalters dennoch.

# 11. Literaturverzeichnis

ARZINGER, Kai O.: *Wälle, Burgen, Herrensitze. Ein geschichtlicher Wanderführer im Hagener Volme-, Ruhr-, Lenneraum* (Landeskundliche Beiträge des Vereins für Orts- und Heimatkunde Hohenlimburg e. V. 1), Hagen-Hohenlimburg 1991.

ATZBACH, Rainer/JENSEN, Lars Meldgaard Sass/LAURITSEN, Leif Plith (Hg.): *Castles at War* (Castles of the North 1), Bonn 2015.

BARTON, Peter/DOYLE, Peter/VANDEWALLE, Johan: *Beneath Flanders Fields. The Tunnellers' War 1914–18*, Stroud 2010.

BLOESCH, Hans u. a. (Bearb.): *Berner Chronik 1470*, Bern 1933.

BUCHMANN, Bertrand M./FASSBINDER, Brigitte: *Burgen und Schlösser zwischen Gföhl, Ottenstein und Grafenegg* (Niederösterreich 17), St. Pölten/Wien 1990.

CASTLE, Ian/TURNER, Graham: *Fort William Henry 1755–57. A battle, two sieges and bloody massacre* (Campaign 260), Oxford/New York 2013.

DAVIES, Gwyn: *Roman Siege Works*, Stroud 2006.

ECKARDT, Anton (Bearb.): *Bezirksamt Bergzabern* (Die Kunstdenkmäler der Pfalz 4), München 1935.

ECKARDT, Anton (Bearb.): *Stadt und Landkreis Frankenthal* (Die Kunstdenkmäler der Pfalz 8), München 1939.

FALL, Bernard B.: *Street without Joy. The French Debacle in Indochina*, Mechanicsburg 1961.

FRANCE, John: *Perilous Glory. The Rise of Western Military Power*, New Haven/London 2011.

HAEGEL, Bernard: Die Belagerungen der Burg Hohenstein im Elsaß 1251 und 1338, in: Wagener/Laß 2006, S. 259–278.

HARDIN, Stephen L./McBRIDE, Angus: *The Alamo 1836. Santa Anna's Texas Campaign* (Campaign 89), Oxford/Long Island City 2001.

HEINE, Hans-Wilhelm: Die Harlyburg bei Vienenburg im Landkreis Goslar. Eine unerforschte Burg des 13. Jahrhunderts, in: *Burgenbau im 13. Jahrhundert* (Forschungen zu Burgen und Schlössern 7), hg. v. d. Wartburg-Gesellschaft zur Erforschung von Burgen und Schlössern i. V. m. dem Germanischen Nationalmuseum, München/Berlin 2002, S. 167–174.

HERRNBRODT, Adolf: *Der Husterknupp. Eine niederrheinische Burganlage des frühen Mittelalters* (Beihefte der Bonner Jahrbücher 6), Köln/Graz 1958.

HEYEN, Franz-Josef (Hg.): *Kaiser Heinrichs Romfahrt. Die Bilderchronik von Kaiser Heinrich VII. und Kurfürst Balduin von Luxemburg 1308–1313*, München 1978.

KERN, Paul B.: *Ancient Siege Warfare*, Bloomington 1999.

KIRCHSCHLAGER, Michael: Bliden und Triböcke. Die schwere Artillerie des Mittelalters, in: Jürgen Keddigkeit (Hg.), Burgen, Schlösser, Feste Häuser. Wohnen, Wehren und Wirtschaften auf Adelssitzen in der Pfalz und im Elsaß, Kaiserslautern 1997, S. 119–128.

KIRCHSCHLAGER, Michael/STOLLE, Thomas: Das teuflische Werkzeug – Entstehung und Geschichte der Weißenseer Steinschleuder, in: Wagener/Laß 2006, S. 27–46.

KOCH, Karl-Heinz/SCHINDLER, Reinhard: *Vor- und frühgeschichtliche Burgwälle des Regierungsbezirkes Trier und des Kreises Birkenfeld* (Trier Grabungen und Forschungen 13), Trier 1994.

KÖLZER, Theo/STÄHLI, Marlis (Hg.): *Petrus de Ebulo. Liber ad honorem Augusti sive de rebus Siculis*, Sigmaringen 1994.

KÜHTREIBER, Thomas/WAGENER, Olaf: Die Burg vor der Burg als Forschungsproblem – Vorgängeranlage, Vorwerk, Belagerungsanlage?, in: *Zwinger und Vorbefestigungen* (Veröffentlichungen der Deutsche Burgenvereinigung e. V. Landesgruppen Sachsen, Sachsen-Anhalt und Thüringen), hg. v. Heinz Müller u. Reinhard Schmitt, Langenweißbach 2007, S. 19–35 und 181.

KÜHTREIBER, Thomas/WAGENER, Olaf: »… sie paweten zwo pastein ob dem geschloss auf die puhl.« Vorwerke/vorgeschobene Befestigungen im deutschsprachigen Raum, in: Castellologica Bohemica 11, 2008, S. 113–164.

KÜHTREIBER, Thomas/WAGENER, Olaf: Taktik und Raum. Vorwerke als Elemente des Burgenbaus im 15. und 16. Jahrhundert, in: Forschungen zu Burgen und Schlössern 13, hg. v. der Wartburg-Gesellschaft zur Erforschung von Burgen und Schlössern in Verbindung mit dem Germanischen Nationalmuseum, Berlin/München 2010, S. 111–126.

LOSSE, Michael: »histori von der belegnus so der türkisch kaiser gehabt hat vor Rhodis« – Die Belagerung der Stadt Rhódos (Griechenland) durch die Türken 1480 im Spiegel der Chronik des Guillaume Caoursin, eines Zeitzeugen, in: Wagener/Laß 2006, S. 205–234.

LOSSE, Michael: Frühe Bastionen an Wehrbauten der Johanniter in der Ägäis: Das Beispiel des »Kástro tís Panajiás« bei Plátanos (Insel Léros), in: *Zwinger und Vorbefestigungen* (Veröffentlichungen der Deutsche Burgenvereinigung e. V. Landesgruppen Sachsen, Sachsen-Anhalt und Thüringen), hg. v. Heinz Müller u. Reinhard Schmitt, Langenweißbach 2007, S. 63–72.

LOSSE, Michael: *Kleine Burgenkunde*, Euskirchen 2011.

LOSSE, Michael: Innovative Wehrelemente an Johanniter-Ordensburgen und -Befestigungen in der Ägäis (1307 bis 1522), in: Joachim Zeune (Hg.), *»Dem Feind zum Trutz« – Wehrelemente an mittelalterlichen Burgen* (Veröffentlichungen der Deutschen Burgenvereinigung, Reihe B: Schriften, Bd. 14), Braubach 2015, S. 69–84.

MEYER, Werner: Die Burgen in der Blutrachefehde von 1308/09 gegen die Mörder König Albrechts I. Historische und archäologische Befunde, in: Chateau Gaillard 19, 2000, S. 191–203.

MEYER, Werner: Salbüel LU, Bericht über die Forschungen von 1982, in: Hugo Schneider, Werner Meyer (Hg.), *Pfostenbau und Grubenhaus. Zwei frühe Burgplätze in der Schweiz* (Schweizer Beiträge zur Kulturgeschichte und Archäologie des Mittelalters 17), Basel 1991, S. 75–139.

PREBBLE, John: *The Darien Disaster*, London 2002.

PURTON, Peter: *History of the Early Medieval Siege c. 450–1200*, Woodbridge 2010.

PURTON, Peter: *History of the Late Medieval Siege 1200–1500*, Woodbridge 2010.

THON, Alexander: »daz hus ward gar zerrissen«. Belagerung und Untergang pfälzisch-elsässischer Burgen im Spätmittelalter, in: Jürgen Keddigkeit (Hg.): *Burgen, Schlösser, Feste Häuser. Wohnen, Wehren und Wirtschaften auf Adelssitzen in der Pfalz und im Elsaß*, Kaiserslautern 1997, S. 103–118.

WAGENER, Olaf: Rauschenburg und Trutz-Eltz, zwei Gegenburgen des Erzbischofs Balduin von Trier im Vergleich, in: Burgen und Schlösser 44, 2003, S. 166–174.

WAGENER, Olaf: Burg Ramstein bei Séléstat – Musterbeispiel einer Belagerungsburg oder Überinterpretation der Burgenforschung?, in: Kaiserslauterer Jahrbuch für pfälzische Geschichte und Volkskunde 5, 2005, S. 147–160.

WAGENER, Olaf: Burg Thurant und der Bleidenberg, in: *... wurfen hin in steine/grôze und niht kleine ... Belagerungen und Belagerungsanlagen im Mittelalter* (Beihefte zur Mediaevistik 7), hg. v. Olaf Wagener, Heiko Laß, Frankfurt a. M. u. a. 2006, S. 289f.

WAGENER, Olaf: Das Schicksal der Belagerungsanlagen nach Ende der Belagerung, dargestellt an Einzelbeispielen – ein Arbeitsbericht, in: *... wurfen hin in steine/grôze und niht kleine ... Belagerungen und Belagerungsanlagen im Mittelalter* (Beihefte zur Mediaevistik 7), hg. v. Olaf Wagener u. Heiko Lass, Frankfurt a. M. u. a. 2006, S. 361–386.

WAGENER, Olaf: ... wart belacht van dem landfreden das slos van Rifferscheit ... Die Landfriedensexekution gegen Reifferscheid 1385, in: Burgen und Schlösser 47, 2006, S. 23–31.

WAGENER, Olaf: »... wanten si musten ire eigin nettz unde seyche drincken uff dem torne«. Belagerungen – romantische Vorstellungen und schlichte Realitäten, in: Burgenforschung aus Sachsen 19, 2006, S. 110–133.

WAGENER, Olaf: Die Belagerungsanlage auf dem Bleidenberg und Burg Thurant, in: Olaf Wagener (Hg.), *Die Burgen an der Mosel*. Akten der zweiten internationalen wissenschaftlichen Tagung in Oberfell an der Mosel, Oberfell 2007, S. 105–108.

WAGENER, Olaf: Belagerungen im Moselraum im Hochmittelalter von 1000 bis 1200 anhand der Gesta Treverorum, in: Olaf Wagener (Hg.), *Die Burgen an der Mosel*. Akten der zweiten internationalen wissenschaftlichen Tagung in Oberfell an der Mosel, Oberfell 2007, S. 205–223.

WAGENER, Olaf (Hg.): *Der umkämpfte Ort – von der Antike zum Mittelalter* (Beihefte zur Mediaevistik 10), Frankfurt a. M. u. a. 2008.

WAGENER, Olaf: Ramstein/Scherwiller – Exemple type d'un château de siège ou interpretation abusive?, in: Châteaux forts d'Alsace 9, 2008, S. 39–54.

WAGENER, Olaf: Belagerungen und Belagerungsanlagen in Hessen, in: Forschungen zu Burgen und Schlössern 11, hg. v. der Wartburg-Gesellschaft zur Erforschung von Burgen und Schlössern in Verbindung mit dem Germanischen Nationalmuseum, München/Berlin 2008, S. 205–216.

WAGENER, Olaf: In kurtzen tagen sie daz sloss/gewunen mit irem geschoss – Burg Stolzenberg und Burg Montfort. Die Geschichte der Burgen und ihrer Belagerungen, in: Mitteilungen des Historischen Vereins der Pfalz 106, 2008, S. 183–213.

WAGENER, Olaf: Überlegungen zu militärischer Organisation und Logistik im Kontext mit Belagerungen in der Antike und im Mittelalter, in: *Der umkämpfte Ort – von der Antike zum Mittelalter* (Beihefte zur Mediaevistik 10), hg. v. Olaf Wagener, Frankfurt a. M. u. a. 2008, S. 279–306.

WAGENER, Olaf: Die Belagerungen von Alésia und Masada und ihre Rezeption als nationale Mythen in Frankreich und Israel, in: *Der umkämpfte Ort – von der Antike zum Mittelalter* (Beihefte zur Mediaevistik 10), hg. v. Olaf Wagener, Frankfurt a. M. u. a. 2008, S. 385–421.

WAGENER, Olaf: *Der Bleidenberg und Burg Thurant*, Oberfell 2009.

WAGENER, Olaf: die statt ward gar geschwachet,/ein dorff daruss gemachet. Überlegungen zur symbolischen Zerstörung von Befestigungen im Mittelalter, in: *Die imaginäre Burg* (Beihefte zur Mediaevistik 11), hg. v. Olaf Wagener, Heiko Laß, Thomas Kühtreiber u. Peter Dinzelbacher, Frankfurt a. M u. a. 2009, S. 27–52.

WAGENER, Olaf: Die Vielseitigkeit der Belagerungsanlagen – Neue Erkenntnisse zu einem Phänomen der mittelalterlichen Kriegführung, in: G. Ulrich Grossmann, Hans Ottomeyer (Hg.), *Die Burg. Wissenschaftlicher Begleitband zu den Ausstellungen »Burg und Herrschaft« und »Mythos Burg«*, Dresden 2010, S. 218–225.

WAGENER, Olaf: Burgen und Verkehrswege – Vorwerke und die Einbeziehung der Landschaft am Beispiel des Hunsrücks, in: Olaf Wagener (Hg.), *Burgen im Hunsrück. Eine Burgenlandschaft im Fluss der Zeiten.* Akten der sechsten wissenschaftlichen Tagung in Oberfell an der Mosel, Petersberg, 2011, S. 43–61.

WAGENER, Olaf: Wie erobert man eine Burg? Ein kurzer Überblick zu Belagerungen und Belagerungsanlagen, in: Erik Beck, Eva-Maria Butz, Martin Strotz, Alfons Zettler, Thomas Zotz (Hg.), *Burgen im Breisgau – Aspekte von Burg und Herrschaft im überregionalen Vergleich* (Archäologie und Geschichte. Freiburger Forschungen zum ersten Jahrtausend in Südwestdeutschland 18 = Veröffentlichungen des Alemannischen Instituts Freiburg i. Br. 79), Ostfildern 2012, S. 397–401.

WAGENER, Olaf: »Archäologie auf dem Holzweg« – Literaturüberblick zu hölzernen Befestigungen in der Neuzeit in Bild und Befund, in: Andreas Diener, Joachim Müller, Matthias Untermann (Hg.), *Holzbau in Mittelalter und Neuzeit* (Mitteilungen der Deutschen Gesellschaft für Archäologie des Mittelalters und der Neuzeit 24), Paderborn 2012, S. 261–272.

WAGENER, Olaf: Die Belagerungen von Wachenheim durch Friedrich den Siegreichen 1470/71, in: Pfälzer Heimat Jg. 64, Heft 2/2013, S. 65–70.

WAGENER, Olaf: Holzbefestigungen und hölzerne Befestigungselemente – Parallelen vom Mittelalter bis ins 19. Jahrhundert und ihre bildliche Dokumentation, in: Burgen und Schlösser 54, Heft 3/2013, S. 160–169.

WAGENER, Olaf: Die Belagerung und Zerstörung der Burg in Nieder-Modau 1382 – Neue Erkenntnisse zu Belagerungsanlagen, in: Der Odenwald 60, 2013, S. 23–28.

WAGENER, Olaf: Burgenpolitik und Belagerungen – neue Methoden und neue Erkenntnisse, in: Burgenforschung aus Sachsen 27, 2014, S. 145–168.

WAGENER, Olaf: Gründungen von Forts in Nordamerika. Geometrische Befestigungen in der Wildnis, in: Andreas Diener, Joachim Müller, Matthias Untermann (Hg.), *Gründung im archäologischen Befund* (Mitteilungen der Deutschen Gesellschaft für Archäologie des Mittelalters und der Neuzeit 27), Paderborn 2014, S. 247–256.

WAGENER, Olaf: Sieges, Siege Castles, and the Question of Visibility – New Research with the Help of LiDAR-scans, in: Rainer Atzbach, Lars Meldgaard Sass Jensen, Leif Plith Lauritsen (Hg.), *Castles at War* (Castles of the North 1), Bonn 2015, S. 217–230.

WAGENER, Olaf: Die Rolle des Feuers bei der Zerstörung von Stadtmauern und Burgen im Pfälzischen Erbfolgekrieg anhand der baulichen Befunde, in: Olaf Wagener (Hg.), *Feuernutzung und Brand in Burg, Stadt und Kloster im Mittelalter und in der Frühen Neuzeit*, Petersberg 2015, S 44–60.

WAGENER, Olaf: Holz im Befestigungsbau der Neuzeit – ein Überblick, in: *Erforschung und Inwertsetzung von Festungen heute* (Festungsforschung Bd. 7), hg. v. d. Deutschen Gesellschaft für Festungsforschung e. V., Regensburg 2015, S. 199–274.

WAGENER, Olaf: »Im Westen nichts Neues«? Aspekte und Entwicklung der Feldbefestigung im 19. und 20. Jahrhundert oder: Der Einzug der Belagerungskriegführung in die Feldschlacht, in: Andreas Diener, Joachim Müller, Matthias Untermann (Red.), *Archäologie im 19. und 20. Jahrhundert* (Mitteilungen der Deutschen Gesellschaft für Archäologie des Mittelalters und der Neuzeit 28), Paderborn 2015, S. 123–134.

WAGENER, Olaf: Mining and Warfare: An Overview of Centuries of Interdependence, in: Gerrit Dworok, Frank Jacob (Hg.), *The Means to Kill. Essays on the Interdependence of War and Technology from Ancient Rome to the Age of Drones*, Jefferson N.C. 2016, S. 71–84.

WAGENER, Olaf: Eyner schoss vnd der ander warff/mit manchen grossen steinen scharff. Belagerungskriegführung unter Friedrich dem Siegreichen, in: Franz Fuchs, Pirmin Spiess (Hg.), *Tagungsband Friedrich der Siegreiche*, in Vorbereitung.

WAGENER, Olaf/KÜHTREIBER, Thomas: Die Motte vor der Burg – Vorgängeranlage, Vorwerk, Belagerungsanlage?, in: Beiträge zur Mittelalterarchäologie in Österreich 23, 2007, S. 327–347.

WAGENER, Olaf/LASS, Heiko (Hg.): ... wurfen hin in steine/grôze und niht kleine ..., in: *Belagerungen und Belagerungsanlagen im Mittelalter* (Beihefte zur Mediaevistik 7), Frankfurt a. M. u. a. 2006.

WAGENER, Olaf/SCHMIDT, Achim: ... *et Baldeneltz a fundamento constructum* ... Die Belagerung der Burg Eltz durch Erzbischof Balduin von Trier während der Eltzer Fehde (1331–1336). Bauarchäologische Untersuchungen zur Trutz-Eltz, in: Trierer Zeitschrift 73/74, 2010/11, S. 215–235.

WAGENER, Olaf/SCHMIDT, Achim H.: Burgstellen an der Elz – Burg Eltz und Umgebung während der Eltzer Fehde, in: Olaf Wagener (Hg.), *Burgen und Befestigungen in der Eifel. Von der Antike bis ins 20. Jahrhundert*, Petersberg 2013, S. 106–123.

WESLAGER, C. A.: *New Sweden on the Delaware 1638–1655*, Wilmington 1988.

WIGGINS, Kenneth: *Anatomy of a Siege: King John's Castle, Limerick, 1642*, Woodbridge 2000.

WIGGINS, Kenneth: *Siege Mines and Underground Warfare* (Shire Archaeology 84), Princes Risborough 2003.

WINDROW, Martin: *The Last Valley – Dien Bien Phu and the French Defeat in Vietnam*, Cambridge 2004.

# EBENFALLS IM PROGRAMM
## DES REGIONALIA VERLAGES ERHÄLTLICH

Michael Losse
### Nützliches Burgen-ABC
### mit Berichtigungen der verbreitetsten Irrtümer

Das kompakte Lexikon auf dem neuesten Stand der Burgenforschung.

In verständlichen Darstellungen, begleitet von detaillierten Illustrationen, erfährt der Leser das Wesentliche zu einzelnen Begriffen rund um den Burgenbau, -typen und -geschichte. Ein unverzichtbarer Begleiter für Ausflüge und Exkursionen.

128 Seiten, Hardcover, 16,5 x 19,8 cm
ISBN 978-3-95540-135-1
€ 4,95

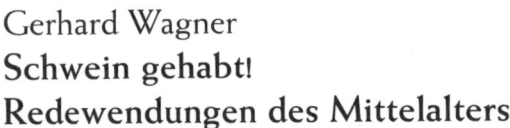
Kürzlich erschienen

Gerhard Wagner
### Schwein gehabt!
### Redewendungen des Mittelalters

»Also: nicht lange fackeln, ich ziehe jedenfalls den Hut! Informativ, witzig und super für zwischendurch« (G/Geschichte)
»Ein absolut empfehlenswertes Buch, das man bis zum Ende nicht mehr aus der Hand legt.« (Karfunkel)
»Kurzweilig, erklärend, unterhaltend und überraschend« (Oberhessische Presse, Marburg)

128 Seiten, Hardcover, 16,5 x 19,8 cm
ISBN 978-3-939722-31-1
€ 4,95

32. Auflage